살리는 1004 심방설교

예수와 심방

이 땅에 심방을 오신 '예수' 그리스도, 히브리어 발음은 '예슈아'
아들을 낳으리니 그 이름을 '예수' 라 하라! 자기 백성을 구원할 자!

윤 도중 지음

도서출판 베드로 서원

예수와 심방
살리는 1004 심방설교 이론과 실제

초판 1쇄 발행 2016.10.30 (종교개혁500주년 기념주일)

지은이 / 윤도중
펴낸이/   방주석
펴낸곳 / 베드로 서원
전화/ 031)976-8970
팩스/ 031)976-8971
이메일/peterhouse @ daum.net
창립일/ 1988년 6월3일
등록/ (제59호)2010년 1월 18일

책값은 뒤표지에 있습니다.

우리의 비전
베드로 서원은 말씀과 성령 안에서 기도로 시작하며
영혼이 풍요로워지는 책을 만드는데 힘쓰고 있으며, 문서선교 사역의 현장에서 세계화의 비전을 넓혀 가겠습니다.

우리의 고백
시몬 베드로가 대답하여 이르시되
"주는 그리스도 시요, 살아계신 하나님의 아들이시니이다."
예수께서 대답하여 이르시되 " 바요나 시몬아 네가 복이 있도다. 이를 네게 알게 한 이는 혈육이 아니요 하늘에 계신 내 아버지시니라!" (마16:16 -17)

예수와 심방

살리는 1004심방설교 이론과 실제

윤 도중 지음

님께 드립니다.

살리는 1004심방 주제성구

" 너희를 영접(迎接)하는 자는 나를 영접(迎接)하는 것이요, 나를 영접(迎接)하는 자는 나 보내신 이를 영접(迎接)하는 것이니라. 선지자의 이름으로 선지자를 영접(迎接)하는 자는 선지자의 상(賞)을 받을 것이요, 의인의 이름으로 의인을 영접(迎接)하는 자는 의인(義人)의 상을 받을 것이요, 또 누구든지 제자의 이름으로 이 소자 중 하나에게 냉수 한 그릇이라도 주는 자는 내가 진실(眞實)로 너희에게 이르노니

그 사람이 결단코 상(賞)을 잃지 아니하리라!" (마 10:40-42)

추천사

1004편의 설교! 1004편의 예화!

국어대사전을 찾아보면 심방을 "방문하여 찾아봄"이라고 간단히 정의하고 있으나 무릇 목회자들에게 있어서 심방이란 하나님께서 위탁하신 양떼를 돌아보고 섬기는 구체적인 선교의 현장이기에 목회생활에서 떼어놓을 수 없는 불가분의 사역이라고 생각한다.

나도 교회연합기관인 한국기독교교회협의회 총무직을 맡기 전에 담임 목회를 하면서 사랑하는 성도들의 실생활 속에서 일어나는 복잡다단한 심방 사역을 익히 경험한 바 있고 때로는 양들과 함께 울기도 하고 웃기도 하면서 이 땅에 하나님의 나라가 이루어지도록 노력해왔고 주님의 은총으로 지금도 열심히 일하고 있다.

금번에 예루살렘 출판사에서 장시간 기획하여 내놓은 '1004 심방설교 대사전'을 보고 우선 성경 66권을 총망라한 방대한 목차를 보고 놀랐으며, 서론·본론·결론으로 이어지는 간결하면서도 핵심적인 설교가 책 한 면에 한 편씩 무려 1004편이나 된다는 데 재차 놀랐다.

뿐만 아니라 성경 본문의 내용과 깊이 연관된 수많은 예화는 가히 이 책의 백미라 할 수 있었으며, 본론은 전달할 말씀을 2-3개씩 대지로 묶어 설교자가 설교의 내용을 핵심적으로 전달할 수 있게 하였고, 차례 색인 부분은 어떤 경우의 심방이든 자료를 쉽게 찾아볼 수 있도록 꾸며져 있어 무척 효율적이라 생각되었다.

워낙 윤 도중 목사님은 80년대 초부터 지금까지 '글'을 잘 쓸 뿐만 아니라 편집 기획부터 시작하여 실천적인 교육목회와 심방목회의 접목을 지혜롭게 실천했던 범상치 않은 목사이다. 이에 '1004 심방설교 대사전'을 추천함에 있어 먼저 이 책을 통해 하나님께서 큰 영광 받으시길 기도하며 또한 이 책을 출판한 예루살렘 출판사와 저자의 노고를 치하하며 한국 교계의 심방사역에 천사와 같은 역할을 할 것으로 믿고 일독을 권하는 바이다.
전, 한국기독교교회협의회(KNCC)총무
김동완 목사

한국 교회의 신앙의 깃발이 온 천지에…
윤도중 목사님의 높은 지식과 깊은 신앙으로 쓰여진 심오한 설교집에 내가 추천서를 쓴다는 것은 영광스럽기는 한데 한편 송구스럽고 다른 한편 민구스럽기까지 하다.
그럼에도 불구하고 추천서를 써야 할 한 가지 이유가 있다면 본 심방 설교 집은 그 내용이 너무 착실한 알맹이로 채워져서 저자 이상의 내용을 심방시에 더 할 말이 없을 것 같아서 심방을 하는 교역자에겐 더 없는 가이드가 될 것이고, 심방을 받고자 하는 성도가정엔 다시없는 좋은 말씀으로 채워져서 이번에 출판되는 이 심방설교 대사전이야말로 한국교회를 든든히 세우고 모든 크리스천 가정들을 풍요롭게 하기에 넉넉할 것 같아서 마음 뿌듯함을 느낀다.
다양한 사건에 다양한 말씀으로 시기적절하고 그 어디에서나 인용할 수 있어서 이 심방설교 대사전이 가서 닿는 곳마다 신앙의 웃음꽃이 만발하게 피어날 것이고 이 말씀들은 문제 해결의 열쇠가 되어서 이 책이 가 닿는 곳마다 높은 승리의 깃발이 꽂혀져서 결과적으로는 한국교회의 신앙의 깃발이 온 천지에 뒤덮일 것이다.
나는 전국에 있는 모든 전도자와 성도들의 일독을 진실로 권하며 같이 은혜 누리기를 간절히 바란다.

전,대한예수교장로회(합동)총회장, 전 기독신문 주필
한명수 목사

필독하고 소장해야 할 목회 참고서
교회에서 목회자의 우선적인 사역은 하나님의 말씀을 전하고 가르쳐서 하나님의 은혜를 받고 성도의 삶을 살아가게 하는 일이다.
성경은 하나님의 은혜를 받는 두 가지 방편을 말씀하고 있는데 첫째는 말씀을 전하고 가르쳐서 믿음을 세워가는 일이고, 둘째는 신앙을 고백한 자들에게 세례를 주고 성례를 베풀어서 주님과 연합되고 함께 사는 일이다.
그리고 또 한 가지 목회자의 사명은 하나님의 말씀이 전해지고, 가르쳐진 후에, 성도가 가정과 일터에서 현실적으로 은혜받은 말씀을 적용하면서 하나님의 영광을 위해 살아가고 있는가를 확인하며 권면하는 심방사역이 있다.
오늘날 목회자들은 과거보다 말씀 사역을 강조하고 있지만, 여러 가지 목회 활동 때문에 교인들을 심방하는 시간이 적어지는 것 같다. 오늘날 심방 사역의 부족으로 현실의 삶 속에서 가지고 있는 신앙적인 질문에 대한 해답을 성도들에게 제시해 주지 못할 뿐만 아니라, 목회자와 교인간의 영적인 교제가 이루어지지 못하고 있는 것이다.

그러므로 말씀을 가르치는 사역은 반드시 심방 사역을 통해서 마무리 되어야 한다. 이러한 심방 사역을 통해서 성도의 영적인 문제와 필요를 발견하고 말씀의 사역을 통해 치유하고 충족시켜 줄 수 있는 것이다.

목회자들의 심방 사역을 돕기 위해 이번에 윤도중 목사님께서 '1004 심방설교 대사전'을 내어 놓으셨다. 이 심방사전에는 심방에 대한 이론은 물론, 심방에 대한 실제적인 문제들, 그리고 심방과 교회성장의 관계를 자세하게 말해 주고 있다.

그리고 심방 받은 대상자와 심방의 기회에 따라 말씀을 증거할 수 있는 모든 자료들, 즉 찬송, 그리고 감동적인 예화들이 함께 수록되어 있다.

이 심방설교 대사전은 21세기 목회를 하는 한국의 목회자들이 반드시 필독하고 소장해야 할 목회 참고서임을 확신하며 이 심방설교 대사전을 기쁘게 추천하는 바이다.

전 대한신학 대학원 대학교 초대 총장, 일심교회 담임
김연택 목사

다시 쓰는 머리글

심방을 하면 교회 성장이 보입니다.

할렐루야! 주 안에서 모든 독자들에게 평안의 위로와 안식이 있기를 소망하며 영혼이 잘 됨 같이 범사에 강건하기를 바랍니다.
필자가 목사 안수를 받을 때에 축사를 담당하신 삼일교회 고인이 되신 윤관 목사님께서 세 가지를 잘 하라고 말씀하셨습니다.
첫째, 책방을 자주 가라 - 설교 잘 하라는 뜻으로 이해하였습니다. 둘째, 골방을 자주 가라 - 기도원, 또는 기도 굴로 들어가 기도를 많이 하라는 뜻으로 받아들였습니다.
셋째, 심방을 자주 하라 - 교인들을 잘 돌아보라는 뜻으로 아멘 하였습니다. 그래서 첫째 항목을 수행하려는 뜻으로 책방을 들르고, 책도 사고, 책을 쓰기도 하고, 책을 만들어 주기도 하다 보니 문서선교사역의 일익을 담당하는 필객이 되었습니다.
둘째를 실천하려고 도봉산기도원, 삼각산기도원, 청계산기도원, 광주기도원, 강남금식기도원, 남아프리카 임마누엘 기도원. 심지어 중국의 백두산(약칭) 기도원 및 여러 기도원의 입·하산을 하며 교회강단과 지하실을 기도농성장으로 삼아 보았지만 아직도 내게는 기도의 부족함이 늘 절실하게 느껴집니다.
셋째를 실천하려고 하루 여덟 집 심방목표를 세웠던 적도 있었습니다.

구두 뒤축이 다 닳아빠져나가도록 바쁘게 현장을 돌아다니는 마당발이 되었습니다. 특히 이 책의 단초가 된 교회가 있었습니다. 교육목사로 잠시 머물었던 종암 중앙교회 원로 조 경대 목사님은 내가 아는 범위 내에서는 큰 장점이 '심방의 마당발', '심방의 대가', '심방으로 목회성공하신 분'으로 기억됩니다. 물론 단편적이기는 하지만 그 분의 영향은 내 온 영혼에 활력을 주셔서 지금도 먼발치에서 심방을 강조하시는 그의 카랑카랑한 꾸지람과 권면의 설교를 듣습니다.

어느 목사님이 심방을 하지 않을까요? 심방의 중요성을 느끼면서도 심방목회에 회의적 태도를 가지신 분도 있을 것이지만 심방은 목회자 인생계획에 필수요, 사명이요, 성공의 목표이기도 합니다. 이 사역은 살아있는 목회현장이요, 한 영혼을 살리는 사역이라고 생각합니다. 마치 수술집도를 잘 하는 전문의사가 일정한 시간 내에 일정한 스텝들과 일정한 성공을 해야 하는 것으로 비유하고 싶습니다.

　전도사 시절에 심방 롤 모델 목사님이 몇 분 계셨습니다. 바쁜 부흥회 스케줄 속에서도 심방하시던 故 황 두연 목사님(동성교회), 故 임 영재 목사님(독립문성결교회)의 모습을 떠올리며 내 영혼의 갈급함을 향하여 심방설교를 하시던 은혜의 추억이 엊그제 같습니다. 그리고 주일예배 후 함께 전도심방을 하시던 큰돌 교회 정 종환 목사님의 모습과 우석교회 김 철영 목사님의 뚜렷한 가르침도 이제는 심방목회 교과서의 일부분이 되어 자리 잡고 있습니다. 특히 큰 교세 속에서도 짧은 심방시간의 선두주자이셨던 조 경대 목사님, 성내동 영파

여고 옆에 새순교회 마 평택 목사님의 모본은 심방시간 관리의 가르침이 되었습니다.

이 원고를 준비할 때 유독 어려운 일은 교인들의 심방요청이었습니다. 원고마감을 서둘러야 하는데 가장 힘든 것이 심방요청이었습니다. 이 원고마감이 끝나면 백내장 수술도 받아야 하니 심방을 받는 입장이 됩니다. 그 후 집필시간이 많아 엉덩이 피부가 헐어 고생을 하였고, 급기야 항문치루 염증으로 수술을 두 번이나 받았을 때에 친구 동역자 조 영식 목사와 공 국원 목사의 도움으로 심방 받으며 퇴원을 시켜준 은혜는 지금도 기억합니다.

과거에 심방할 때마다 설교를 짧게 하라고 주문하던 아내의 이 미형의 코치가 있었지만 저는 지금도 심방설교의 원칙은 성경 1장을 읽는 것으로 그 효력을 기다리고 삽니다. 본문은 언제나 성경 한 장을 읽은 후에 설교를 하고 있습니다. 그런 이유는 성경적 심방이란 성경을 읽어야 하고 성경의 내용을 설명해야 성령께서 역사하실 것이라고 믿기 때문입니다.

이는 곧 우리 주 예수 그리스도의 심방사역자 - 사도 베드로의 순회 심방 설교와 이방인의 큰 그릇 사도 바울께서 그러하셨고 야고보 장로께서도 흩어진 열두 지파에게 보내신 서신 속에서도 그러한 깨달음을 주었습니다. 그리고 요한 및 사도 바울의 복음서신 내용은 구약을 읽지 않고는 이해할 수 없는 묵상의 글이었습니다.

따라서 필자는 말씀 묵상을 좋아합니다. 그러한 묵상 습관은 월간 성경 묵상지 큐티와 만나를 직접 발행하면서 하루에 성경 한 장으로 전 세계의 큐티 애호가들에게 띄우는 편지가 되었고, 그 결과를 낳았습니다. 1004 심방설교 대사전의 원고는 묵상으로 걸러내고, 새벽강단을 통하여 선포되었으며, 설교강단에서 베풀어졌던 말씀 중 1004편을 선별하여 엮었습니다. 아울러 함께 믿음의 글로 사역하던 여러분들의 협조로 1004편의 예화를 함께 수록하였으며 좋은 예화를 수록할 수 있는 은혜를 지면으로나마 감사를 드립니다. 그러나 이 책의 주요목적은 심방 시에 선포되어질 설교에 큰 목표를 두었습니다.

이 책에서는 심방의 이론에 치우치지 못했습니다. 심방의 이론은 짧게 기술하였지만 '심방의 달란트' 또는 은사의 확인과 그 계발의 필요성은 역설하였습니다. 그 중에서 심방설교의 실제에 큰 초점을 맞추었으므로 성경 전체를 확대하여 적용하였습니다. 그리고 심방의 분류를 더욱 크게 확대하였습니다. 할 수만 있으면 필자의 아는 범위에서 하되 심방의 현실을 이해하는데 도움이 되도록 목회자와 아울러 성도들의 사역활동을 염두에 두고 종합적으로 다루었습니다.

필자가 늘 그렇게 느끼는 것이지만 심방을 기다리는 영혼들이 많으며, '천사'라도 왔으면 좋겠다는 피 심방자들이 삶의 전쟁터에서 위로와 평안을, 그리고 지혜를 기다리고 있습니다. 이 책의 글은 그들을 위한 글이면서도 '심방 달란트 사역'을 수행하시는 목회자님들과 도우미와 같은 장로님과 권사님들, 구역(속)장 및 목회장, 셀리더, 순장 및 권찰들의 안내역할을 할 것입니다. 바쁜 시간 중에도 분에 넘치는 추천의 글을 써주신 한국기독교교회협의회 전 총무이신 김 동완 목사님, 전 대한예수교장로회(합동)총회장이셨던 고, 한 명수 목사님, 전 대한신학 대학원 대학교 초대 총장이신 김 연택 목사님께 진심으로 감사드립니다. 그리고 새벽기도회를 거르지 않고, 교정을 보며 나를 위해 울고 웃던 아내 - 이 미형과 처가의 식구들, 이따금씩 궁금하여 '원고 다 끝났냐?'고 궁금해 하시며 많은 글을 쓰기를 바라시며 기도해주시는 장인 이 종우 장로님, 박 금선 장모님에게 감사하지 않을 수 없습니다.

 출간 비용이 많이 드는데 꼬박꼬박 지원을 아끼지 않았던 전, 예루살렘출판사 고, 윤 희구 사장(집사)에게 이 책을 드리고 싶습니다. 정 용한 실장, 원고 타이핑을 돕던 노 명옥 집사, 김 숙영 선생, 김 성수 선생, 김 숙경 자매, 딸 은혜에게 감사의 꽃을 드립니다. 먼 훗날 사랑하는 이들과 아들이 이 글을 읽기 바라면서 내 인생의 개혁자이신 우리 주 예수 그리스도께 믿음의 의를 깨닫게 해주신 영광을 돌립니다.

아울러 이 책, 예수와 심방의 요약본의 시작은 또 다른 이의 심방목회의 눈을 뜨게 하며 조력자로서 스트레칭을 하게 만들 것이라고 기대합니다. 특히 베드로 서원의 대표, 방 주석 장로는 내 젊은 시절의 문서선교의 벗이며 동역자와의 심방은 이 책- 1004 심방설교대사전을 살리는 계기가 될 것입니다. 표지 디자인은 그의 딸 방 미예님의 만삭된 몸으로 곧 출산(10월 중순)을 앞두고 이 표지디자인을 해주어 성탄의 은총이 주 예수의 이름으로 아가에게 축복이 되기를 기도합니다.

또한 도서출판 예루살렘의 새로운 대표이신 박 성숙 권사님에게도 하나님의 성령의 역사로 심방은사가 계속 내려지기를 예수=예슈아의 이름으로 소망합니다.

2001년- 2016년 종교개혁 500주년 주일과 추수감사절 다시 오실 '예슈아'를 기다리며 생일날(음,9월3일, 양,10월3일)에 베드로서원에서 저자 윤 도중 목사 올림

예수와 심방-살리는 1004 심방설교 이론과 실제
차례

다시 쓰는 머리글-9
제1부 살리는 1004 현장심방의 이론과 실제-21

제1장 기본능력=심방 달란트를 받으셨습니까?/ 終末論-36
1. 심방을 좋아하십니까? 사람을 좋아하십니까?
2. 심방의 철학, 또는 정의를 내려 한 줄로 적어 보십시오.
3. 왜? 그 집에 자주 심방을 가십니까?
4. 심방의 편견은 없으십니까?
5. 심방 달란트를 받으신 증거와 증인들의 이름을 적어 보십시오.
△ 아! 나는 심방리더인가? 도우미인가?

제2장 기본상식=성경적인 심방계발의 5원리-66
1원리 : 지혜롭게 vs 심방예배/ 神論
2원리 : 의롭게 vs 심방교제 / 基督論
3원리 : 공평하게 vs 심방전도/ 聖靈論
4원리 : 정직하게 vs 심방봉사/ 敎會論
5원리 : 실천하기 vs 심방양육 / 救援論

제3장 심방 실력을 높이려면? -75
"심방 잘하는 것도 실력입니다." 人間論
1. 심방의 필요성을 느껴야 합니다.
2. 심방자들의 내면적 태도와 가치관이 긍정적이어야 합니다.
3. 심방자와 피심방자의 반응력을 높여야 합니다.
4. 하나님과 사람 앞에 건강한 관계를 유지시켜야 합니다.
5. 기독교인의 '의욕 향상법'을 운동해야 합니다.

제2부 이것은 '심방의 실제훈련' 입니다. -82
실제훈련은 '영적 전투와 안식' 입니다.

제4장 기독교(교회)는 심방을 어떻게 준비합니까? -83
1. 심방의 분류와 그 범위의 적용

<일반심방>

계절심방	1) 봄철, 가을철 대심방
주간심방	2) 교회(예배) 결석자를 향한 유고심방
목, 금요심방	3) 속회 및 구역심방
기관심방	4) 기관 목표 달성과 화목심방
새 신자심방	5) 신입교우, 신입회원, 양육심방

<특별심방>

가정행사심방	6) 가족들의 애경사 및 친인척들의 행사심방
교회행사심방	7) 교회 절기예식, 각종 대회, 임직행사심방

개인전도심방	8)	복음전파
기업심방	9)	개업, 창업, 월초 · 말 기관예배
환난심방	10)	환자, 실패, 재난

<연합심방>

교회상회기관	11)	(전국)노회, 지방회, 주교연합회, 아동부연합회, 청소년(S.C.E)연합회, S.F.C., 남,여 전도회연합회, 장로회, 평신도회
노회	12)	시찰회, 지방회, 노회, 임원회, 상비부
총회	13)	증경총회장단, 전권위원회, 각종상비부, 임원회, 재단위원회
각종선교회	14)	해외선교회, 국내선교위원회, 복지선교, 교육선교, 언론(신문)방송위원회
각종학교	15)	이사회, 재단이사회, 실행이사회, 교수회, 학생회 등
기타 특별행사	16)	사회사역심방 - 정치, 경제, 사회, 문화, 예술, 국방, 정보, 건설, 무역, 복지, 행정자치부, 리, 읍, 면, 동사무소, 봉사활동 심방

제5장 심방자의 실천신학을 위한 준비사항-88

 Check Point

1. 심방섭외사항

1)대 심방 확인

2) 상황 확인
3) 시간 및 장소 확인
4) 심방팀 구성
5) 심방사후(행정) 정리

2. 심방팀의 준비사항
1) 심방리더의 준비사항
① 기도
② 찬송
③ 말씀(설교)
④ 긍정적 마인드
⑤ 의상 및 외모
2) 심방대원 및 보조(도우미)의 준비사항
① 마인드 훈련
② 기도훈련
③ 교통편(위치 및 약도)
④ 사전예고
⑤ 보조물
⑥ 의상 및 외모
⑦ 주의사항

3. 심방 받는 분들의 준비사항
1) 마인드(심적 태도)
① 기도준비실행
② 자기관리

2) 체력적 활동
③ 환경정비
④ 가족들의 협조부탁
3) 재정적 활동
⑤ 헌금(제물)준비
⑥ 음식과 다과준비
4) 자기관리 사항
⑦ 의상 및 외모　　　⑧ 내 모습 이대로 주 받으옵소서.

4. 심방을 위한 당회(제직 및 교구) 부서별 협조사항
1) 담임목회자일 경우에는/행사기간(일정) 조정, 재정자원보조
2) 부교역자일 경우에는/교통을 위한 재정, 위로금, 인원 동원

5. 심방(예배) 순서 및 주의사항
1) 인사 및 자리정돈 주의사항
2) 묵상기도 및 주의사항
3) 찬송 및 주의사항
4) 사도신경 및 대표기도 주의사항
5) 본문말씀 선정과 설교 주의사항
6) 헌금기도 및 설교 후 기도 주의사항
7) 찬송 및 심방 대상자를 위한 합심(통성)기도 주의사항
8) (주기도문) 축도 주의사항
9) 다과 및 덕담, 위로, 격려사 주의사항
10) 식사예절 및 주의사항
11) 심방 후 주의사항

제3부 심방설교 사역을 통하면 성도를 살리는 교회성장의 가능성과 그 중요성이 보입니다. -99

제6장 심방설교사역-100
1. 심방설교의 사명감 고취 vs 신청자의 수용마인드
2. 심방예배의 신령한 사역 vs 회중 및 피심방자의 인식 및 가치관
3. 선포된 설교의 성역(聖域) vs 피심방자와 간접적용의 상황인식
4. 심방설교의 구조이해 vs 피심방자의 연령, 환경구조 이해
5. 심방설교의 내용 및 그 특색 vs 피심방자의 신앙년조 및 믿음생활 내용
6. 심방설교의 문체 및 억양 vs 피심방자의 신체적 건강상태를 고려
7. 심방설교의 예언적 가능성 vs 피심방자의 영적상태, 지적, 심적, 체질적 수용능력
8. 심방설교의 시간관리 및 효율적 운영 vs 계절, 시간, 건강
9. 심방설교자의 자기관리 vs 묵상, 기록정리, 당회 협조, 언행(정보)단속, 중보기도 요청
10. 심방설교 사역후의 교회 성장의 가능성

제7장 심방설교의 예시 -130
(1004편 심방설교, 핵심요약설교) 적용

Epilogue/ 시, 후기 노트 -185

"하나님의 아들
예수 그리스도의
복음의 시작이라."
마가복음 1:1

제1부
1004 현장심방의 이론과 그 목적

제1부

1004 현장심방의 이론과 그 목적

<현장 심방을 하면
교회(교인)성장이 보인다!>

에스겔34:9절에 그러므로 너희 목자들아 여호와의 말씀을 들을지어다. 여호와의 말씀을 들을지어다......

에스겔34:12 절에 " 목자가 양 가운데에 있는 날에 양이 흩어졌으면 그 떼를 찾는 것 같이 내가 내 양을 찾는 것 같이 내가 내 양을 찾아서 흐리고 캄캄한 날에 그 흩어진 모든 곳에서 그것들을 건져 낼지라. "

에스겔34:14절에 " 좋은 꼴로 먹이고 그 우리를 이스라엘 높은 산에 두리니 그것들이 그곳에 있는 좋은 우리에 누워 있으며 이스라엘 산에서 살진 꼴을 먹으리라. 15절에 내가 친히 내 양의 목자(牧者)가 되어 그것 들을 누워있게 할지라. 주 여호와의 말씀이니라."

자동차 전성시대, 교통수단의 첨단 인공위성시대

피 심방자의 목회 심방자들 초청기피현상
이런 저런 이유가 많다. 그러나
1)이 시대의 현상 중의 한 가지는 혼자 있는 것이 낫다고 하는 사람들이 늘고 있다는 사실이다. 물론 고독한 것 같으나 인공위성의 도움으로 사람과 사람의 만남을 기피하는 거리를 유무선 통신으로 만족해한다.

2)교통거리를 환산하는 기피심리현상이다.
" 집이 너무 멀어서요."
" 교통체증이 심해서요."
" 멀리 가려면 함께 가야 한다.- 아프리카 속담 "

3) 밥 값 계산을 먼저 하기 때문인가?
" 살진 양을 잡아 그 기름을 먹으며 그 털을 입되,"

4) 오시면 꼭 이상한 소리들을 늘어놓고 가기 때문인가?
에스겔33:30절에 이상한 소리들- 자 여호와께로부터 무슨 말씀이 나오는가? 들어 보자하고
에스겔33:31절에 ' 그 입으로는 사랑을 나타내어도 마음으로는 이익을 따름이라.'
5) 목회자와 양떼의 별거 상태는 흩어짐의 원인이 아니겠는가?
어찌 되었든지 2000년 이후로 성도들의 이혼 가정이 많이 늘었다. (참고, 말라기서 2:10-16절을 읽어 보라.)
　이혼은 쌍방이 전면적인 손해다. 그들은 중매, 소개, 개척, 연애와 교제의 시간을 거쳐 영화 속의 주인공처럼 결혼식을 한

다. 그럼에도 불구하고 전해지는 뉴스는 주변부부들이 이혼을 한다는 사실이다.
원인을 찾아 현장심방을 하면 그들은 서로 눈을 보며 대화를 하지 않았다는 사실에 놀란다.
진리라고 믿는 가치관이 돈과의 관련이 많았다.
결국 눈에서 멀어지면 마음이 멀어지는 법이다.
결혼 후에도 교제의 길이 비 복음으로 흘렀다고 상상된다.
또한 그들은 심방예배를 드리며 묵상기간을 보내지 않았다.
그러므로 심방이란? 심령(心靈)의 현장을 방문하는 것이다. 오지 말라고 거부하는 피 심방자들을 방치하지 말고 그래도 주변에서 대화의 눈을 신령과 진정으로 몇 차례, 일흔 번씩 일곱 번이라도 도전하는 심방철학을 세우는 것이 칭찬 듣는 목회심방의 규칙이 아닐까 생각 한다.
즉, 마음의 눈을 몸의 눈으로 들여다보는 것이 심방이다. 이 부드러운 심령의 스킨십이 자녀들을 행복하게 만드는 규칙이다. 즉, 그 모습을 보고 배우며 복사하는 문화를 인지함과 동시에 부정적인 결혼관과 교제를 떨쳐 버릴 수 있다.

긍정적인 경우를 성경에서 찾아보라.
마가는 신약성서 마가복음의 저자이다.
주 예수께서 마가의 다락방을 자주 심방하시면서 복음적인 심방예배의 말씀이 선포되는 생활 속에서 하나님 나라의 왕국을 건설하는 일꾼으로 성장한 분이 계셨다. 그를 소개하면 신약성서 마가복음의 저자이다.
 내가 만난 복음서의 저자 마가 선교사는 과부의 아들이다(행

12:12). 그리고 부자 집 자제 분이시었다. 그는 10대 시절, 호기심이 많은 시절에 유대교 지도자들의 농간의 현장을 보았다.
 그리고 어느 날에 그들의 계략에 의하여 잡히신 예수 그리스도를 그 현장에서 보았다. 즉, 주의 죽음의 의미를 체험했던 목격자였다(막14:51).

 추정하기에는 그의 어린 시절에 그의 집을 드나드는, 심방하는 그리스도 예수님을 따르는 무리들의 모습을 보았을 것이다. 그리고 그의 집안에서 일어나는 메시야임재의 사실을 운동하는 그리스도인들의 틈새에서 어깨 넘어 복음의 소식을 귀로 듣고 눈으로 보았을 것이다. 즉, 말라기 서신(3장)을 해석하고 토론하는 현장에 있었다는 것이다.

 그는 아버지 없는 삶속에서 예수님을 따르는 아저씨들과 아주머니들과 친근하고 친밀한 교제를 이루었다고 전해진다.
즉, 가정의 심방 속에서 복음을 듣고 교육 받으며 이해하였다고 본다.
"주 예수 그리스도는 하나님의 아들이다. 이에 대한 증거자는 세례요한이다. 그는 말라기 선지자가 이야기 하였던 독생자이시다. 그리고 이사야 대 선지자가 외쳤던 희망의 다리를 놓는 분이셨다. 메시야의 길을 닦는 세례요한이 주장하는 회개의 현장의 준비가 주 예수님을 영접하는 첫 걸음이었다고 본다. 이것이 홀이 불 사건의 주인공이 된 THE MARK (마가)였다고 이해한다."

인공위성시대와 통역사 마가의 비교

인공위성은 시대의 문화거리를 줄여 주었다. 단독주택, 깊은 산 속, 별장 방에서도 대부분의 일이 진행된다. ONE STOP 아파트, 리조트, 호텔예약시대이다. 즉 타운 하우스, 아파트 및 주거공간에서 세계를 보며 이해한다.

필자가 걷는 거리로 나가면 카메라가 장착된 자동차를 비롯하여 거리를 감시하는 수백 수천대의 카메라가 존재한다. 이로 인하여 경제 성장의 속도가 메가톤급으로 향상되어 간다. 이제는 인공위성을 경유하는 스마트 폰 없이는 소통의 문제가 혼선을 주고 있다.

특히 우리나라는 전 세계 민족 중에 택배산업이 신속한 풍년이다. 교회와 성도 및 교역자들의 카카오톡 심방의 시대가 당분간 지속될 것이다. 그 다음은 얼굴로 화상통화로 소통을 하는 시대가 된다. 그렇다고 그것이 행복의 순수결정체는 아니다. 욕망으로 아이템을 장착한 고급 승용차처럼 변질된 복음의 이해는 현장으로 가지 않는 복음추종자들을 양산 할 것이다.

그 결과는 무엇일까?

이것이 궁금하다. 사람들의 욕망의 아이템은 교회에 출석할 필요가 없어지게 만든다. 설교는, TV모니터, 방송, 또는 메일로 발송하고 십일조 및 헌금, 기부금은 카카오톡은행 송금으로 처리 되는 편리함으로 교회와 복음을 이해하려고 할 것이다. 그러나 이것은 복음의 현장, 교제의 현장을 없애버리려는 사탄의 전략시스템일 것이라고 필자는 생각한다. 그러나

이 전략은 얼마든지 파쇄할 수 있다. 역발상으로 그런 전략을 되돌려 주는 인공위성시스템을 활용하는 것이다. 이는 선한역사를 위하여 문서들을 인공위성으로 보내며, 어느 곳(나라)에 거주하더라도 화상(畵像)으로 심방하며 목자들의 관심을 증대시키면 주님의 어린 양들도 그 진심, 신령과 진정한 기도를 알게 될 것이라고 믿는다. 즉 심방목회 현장을 이끌어(리드해)갈 수 있다. 단 멈추지 말아야 우린 영적 전쟁에서 승리할 것이다.

어떤 성도가 저에게 이런 질문을 했다.
" 왜 신학교는 신학생을 많이 배출하는 거요?"
그 대답을 아내가 말해 주었다.
" 교회가 문을 많이 닫으니, 또 목회자가 필요 한 것 아닌가요?"
그렇다 소명 없이, 사명의 기름이 다 떨어져 포기한 목자들이 다른 직업을 찾기 때문일 것이다.

주 예수님의 복음에 대한 현장청취자 THE MARK (마가)

다시 성경적인 내용으로 들어가면 주 예수님의 복음에 대한 현장청취자 THE MARK (마가)는 예수님의 출생의미를 추종하는 자들의 현장주변에서 그의 삶의 복음문화코드가 형성되었다고 본다. 그가 성장하여 결혼을 했다는 신상의 이야기는 기록과 전언(傳言)에도 발견하지 못했다. 그러나 분명한 것은 그는 기독교의 문화, 복음과 선교의 그리스도의 추종자들과 믿음의 문화로 살았다는 것이다. 그래서 그는 공부했다. 그 당시의 외국어라고 하는 그리스어를 연수받았고 습득했다. 그리고 언어장벽에 고생하시는 아버지 같은 베드로와 삼촌 바나바를 따르고 섬기는 수종자였다. 즉, 오늘 날의 비서 사역과 그들의 사역을 홍보하는 언론의 리더였다. 이는 사도 요한의 제자 파피아스(PAPIAS)에 의하면 사도 베드로의 통역을 맡은 것으로 기록되었다(벧전5:1). 그렇기 때문에 그는 당시의 문화여건으로서 통용되는 그리스어와 셈어, 아람어 등을 기록 통역하며 예수전도와 교육과 선교현장의 난민들을 도왔다는 결론이다.

뿐만 아니라 사도 베드로와 사도 바나바 그리고 사도 바울과 선교 중에 옥에 갇히는 고난과 핍박도 체득했다는 선교동행자요, 동역선교사였다는 것이다. 그 증거는 옥중서신으로 분류되는 골로새서 4:10절에서 발견된다.

" 나와 함께 갇힌 아리스다고와 바바나의 생질(조카) 마가와 (이 마가에 대하여 너희가 명(命)을 받았으매 그가 이르거든 영접(迎接)하라.)

그리고 빌레몬서 23-24절에도 그 증빙(證憑) 구절이 있다.
(빌레몬서는 사도 바울이 감옥현장에서 만난 복음의 자녀요, 그리스도의 종으로 거듭난 빌레몬이 전해 준 바울의 편지이다.(몬1:1) 또한 그가 감옥에서 먼저 출소하면서 전해진 서신이다.)
" 그리스도 예수 안에서 나와 함께 갇힌 자 에바브라와 또한 나의 동역자 마가, 아리스다고 데마, 누가가 문안하느니라."

THE MARK (마가)는 복음심방의 실천의 필요를 교육받으며 실행에 옮기는 선교사였다. 그의 많은 경험과 공부와 연구의 열정이 복음서를 기록하게 되었을 것이라고 믿는다.

그리고 THE MARK - 마가복음서(福音書)는 후세들에게 첫 번째로 발견되게 하여 주 예수 그리스도가 누구인지 밝히는 증서요, 주의 사도들의 유언서요, 정경으로 공인받게 되었다고 본다.
즉, 그는 글을 기록하여 심방복음을 우리에게 전한 것이다.

" 하나님의 아들 예수 그리스도의 복음(福音)의 시작(始作)이라. "(막1:1)

현장심방사역을 기도하자!

 그 심방대상은 호불호가 통상 8:2로 나누어진다. 호(好) 대상은 20% 정도 불(不)대상은 80%라고 본다. 그 만큼 심방요청 및 심방필요의 부정적인 경향이 더 많다는 것이다. 특히 교회쇼핑 마니아(?), 이교회 저교회 전전 나그네 티끌 같은 신앙철학들은 심방을 더 더욱 싫어한다.
그러나 심방을 하면, 받으면 딱 좋은데, 거절의 은사로 버티다 결국 어려운 고난을 겪는 소식을 주변에서 자주 듣는다.
특히 이사야 선지자가 예언했던 유다와 이스라엘 백성 같은 성도들을 위하여 기도하자. 그러면 주께서 양 방향을 소통하게 하시리라.

지금은 고인이 되신 맥스웰 말츠(미국의 성형의학 박사)는 그의 저서 < 사이코 사이버네틱스>에서 이런 통계로 삶의 현장 사람들을 도전하도록 말하였다.
" 지구인의 95%가 열등감을 느끼며 살고 있다. 그 이유는 자신의 인생, 외모, 기술, 능력(달란트)에 열등감을 가지고 살기 때문이다. "
그런 사람이 심한 정신적 물리적인 전쟁을 주변사람들과 한다. 그들은 대부분 가까운 가족, 부부, 자녀관계이다. 물론 가까운 지인, 상하관계, 갑을 관계도 포함 된다. 한마디로 이간(離間)을 시키는 여우같은 사람이 되어 간다. 이는 늑대는 사냥한 음식을 나누어 먹지 않고 숨겨둔다. 그리고 주변의 사람들을 심하게 경계한다. 그것을 빼앗아 갈 줄 오해하고 으르렁 거린다.

왜 그럴까? 그리스도인들이, 하나님 나라의 백성들이, 거룩한 제사장들이 성과위주, 실적위주, 자랑위주의 사람으로 인격을 만들어 가는 문화에 미혹되었기 때문이라고 생각된다.
특히 인공위성의 발달로 전해지는 TV 인생들의 허무한 삶과 자기를 비교하며 살고 있는 생활습관 때문이라고 전망한다.

이를 적용하면 목회현장의 교인들의 상태가 이런 우울증을 겪고 있다고 보여진다. 다른 말로 표현하면 신앙에 대한 갱년기를 겪고 있다고 본다. 교회 성직자들에 대한 염증은 더욱 심해진다. 여기에 함정이 있다고 본다. 이는 성공한 사람들, 또는 악녀들의 평균수명의 증대로 볼 때에 TV 인생들과의 비교시간은 더 늘어 날것으로 본다. 한편, 이런 감정들이 사람을 움직이지 못하도록 쇠창살로 구속하여 방콕(방에 콕 박혀 나오지 않는)인생살이로 만들고 있다.

" 종말을 향한 시간은 자꾸 가는데……".

옳다고 확신하면 움직이는 교회의 형태로 전환하라.
　교회성장의 목표를 생명을 살리는 교회로 세운 곽 주환 목사의 저서에 (p24쪽-25쪽) 움직이는 교회의 형태를 분류하여 기록하였다.

1. 전통에 따라 움직이는 교회
2. 인물에 의해 움직이는 교회
3. 재정에 의해 움직이는 교회
4. 프로그램에 의해 움직이는 교회, 예를 들면 제자 훈련등,
5. 건물에 의해 움직이는 교회
6. 행사에 움직이는 교회
7. 전도자(구도자)에 움직이는 교회

케논 칼라한은 성장하는 교회의 12가지 요소라는 책에서 목회적인 강조점이 열거 하여 기록하였다.
1. 분명하고 구체적인 선교의 목적
2. 심방
3. 역동적인 예배
4. 친밀한 그룹
5. 강력한 리더십
6. 교회의 구조
7. 참여적인 결정
8. 좋은 프로그램
9. 교회의 위치, 즉 접근하기 쉬운 위치

10. 잘 보이는 곳
11. 충분한 주차장
12. 재정적인 뒷받침

" 나는 없고, 늙었다고 생각하지 마라. 늦었다고 변명을 찾지 마라."

미네소타 주 의학협회는 노인의 정의를 이렇게 하였다.
- 늙었다고 느낀다.
- 배울 만큼 배웠다고 느낀다.
- " 이 나이에 그깟 일은 뭐하려고 해 "
- 내일을 기약할 수 없다고 느낀다.
- 젊은이들의 활동에 아무런 관심이 없다.
- 듣는 것보다 말하는 것이 좋다.
- 좋았던 그 시절을 그리워한다.

더글라스 맥아더 장군은 늙지 않겠다는 작정을 권면하였다.
" 단순히 오래 산다고 해서 늙는 것이 아니다. 사람들이 늙어 가는 이유는 목적과 이상을 잃어버리기 때문이다.
세월은 피부를 주름지게 할 뿐이나 **무관심**은 영혼마저 주름지게 한다.
누구나 믿는 만큼 젊어지고 의심하는 만큼 늙어진다.
자신감을 갖는 만큼 젊고
두려워하는 만큼 늙으며
희망하는 만큼 젊고
절망하는 만큼 늙으며
늙지 않기로 작정하는 만큼 젊어 질 것이다."

여기서 필자는 앉아 있는 만큼 늙어 지고 심방하는 만큼 젊어진다고 믿고 산다. 즉 움직이는 것은 살아 있다는 증거이며 살아 있다는 것은 무엇인가 움직일 때에 하나님께 대한 건강한 경외심이 발동한다는 뜻이다. 염려, 좌절, 두려움은 사람을 더 늙게 하며 짜증을 증가 시킨다.

" 너희 중에 누가 염려함으로 그 키를 한 자라도 더 할 수 있느냐? "
(마6:27) '
(이 부분부터 독자들을 정중하고 귀하게 여기는 심령으로 존대어로 기록합니다. 이 내용은 창조된 인권을 복되게 여기어 필자의 받은 은사를 피력하는 것이니 양해하시고 읽어 주시면 피차 은혜가 될 줄 믿습니다.)

예수와 심방(尋訪)명령
Our Prayer for Every Heart, the will to Make it so.

오늘도 살아계신 하나님의 아들 곧 우리 주 예수(히브리어 발음= 예슈아.)그리스께서는 심방명령을 내리십니다. 이에 대한 부드러운 권면은 다음의 성경말씀 구절입니다.

임금이 대답하여 이르시되
마태복음 25:40절입니다. " 내가 진실로 너희에게 이르노니 너희가 여기 내 형제 중에 지극히 작은 자 하나에게 한 것이 곧 내게 한 것 이니라!" 하시고 (마25:40)

이 내용-"내가 진실로 너희에게 이르노니 너희가 여기 내 형제 중에 지극히 작은 자 하나에게 한 것이

곧 내게 한 것 이니라!"하시고 (마25:40)

필자는 먼저 성경을 사랑합니다. 물론 독자들도 그러하시지요.

그렇다면 우리는 하나님의 감동을 받아 기록한 기자들에게 늘 감사를 피력합니다.(딤후3;16절을 읽어보세요.)

말씀은 주 여호와 하나님의 명령이며 그에 관한 이론(理論)과 실제역사입니다. 더 나아가 미래입니다.

여기서 '이론(理論)'은 심방철학의 시스템이며 삶과 역사의 일부분이기도 합니다.

" 한국의 피터 와그너", " 미스터 교회성장"(Mr. Church Growth)이라는 별명을 가진 교회성장 전문가로 소개되는 명 성훈 목사님, 그는 1993년부터 국민일보 부설 교회성장 연구소(현, 사단법인 교회성장 연구소) 소장으로 한국교회와 목회자를 섬기는 초교파사역을 하고 계신 분입니다.

필자는 그의 저서 " 교회성장 마인드"(Church Growth Mind)를 읽고 난 후에 그의 이론에 대하여 감동을 받았습니다. 그의 훌륭한 목차와 내용전개 등이 문서선교사역적 측면에서도 대단한 이론의 짜임을 보았기 때문에 졸필이나마 글을 써 온지 38년 (2016년 10월,현재) 밖에 안 된 필자로서는 그 존경을 지면에서나마 표현하면서 필자가 그의 이론의 틀 속에서 찾고 싶은 '단어'가 있었습니다.

그 단어는 '심방'이라는 명사이면서 타동사인 심방(尋訪—방문해서 찾아봄)이라는 낱말입니다. 그 의미로 이해되는 단어를 연역해서 찾아볼 수 있으나 직접적인 '심방'을 통한 교회성장이라는 '명제'라든가 또는 교회성장의 본질적인 측면의 심방, 또는 교회성장의 역사적인 측면에서의 심방사역, 또는 교회성장의 원리적인 초점에서도 다루어 주지 못함을 아쉬워하면서, 한국교회의 성장의 밑바닥, 또는 발바닥에서 심방사역으로 다져진 한국교회(교인)성장을 찾아보려 합니다.

심방 목회자인 우리는 하나님의 사랑을 전하는 신실한 청지기입니다.
Faithful stewards-messengers of GOD's love

필자의 입장에서 볼 때, 교회의 밑바닥(기초)은 삶의 이론이면서도 일부분인 '심방발바닥사역'이라고 봅니다.
즉, 한국기독교의 성장, 또는 이하 교회성장의 이론과 삶의 일부분인 심방사역은 불가분의 관계라고 봅니다. 방문하여서, 또는 찾아 돌보는 사역의 이론이면서도 그 삶의 일부분을 따로 떼어 놓고 볼 수 없다는 측면을 이야기하고 싶은 것입니다.

그리고 이 땅의 교회, 좁게는 한국교회 성장의 저변에는 개척 초기의 목사님들, 심방전담 부목사님들, 심방(전문) 전도사님들, 심방(실천) 구역장(속장, 목자장, 셀그룹리더, 순장님, 지체장님)들의 발바닥품으로 다져져 있기 때문입니다.
그들의 노고와 수고로움, 그리고 번거로움의 땀과 추위로 믿음의 터가 굳어지고 그 분들의 땀과 숨고르기가 이 땅의 답답하고 컬컬한 심령을 시원하게 할 뿐 아니라 교세의 영향력에도 지대한 공로를 세웠습니다.
라고 감히 격려하며 위로를 전합니다.(사40:1-2)

제1장
기본능력= '심방 달란트'를 받으셨습니까?

희망의 말씀-" 너희의 하나님이 이르시되 너희는 위로하라 내 백성을 위로하라 너희는 예루살렘의 마음에 닿도록 말하며 그것들에게 외치라. 그 노역의 때가 끝났고 그 죄악이 사함을 받았느니라. 그의 모든 죄로 말미암아 여호와의 손에서 벌을 배나 받았느니라." (이사야40:1-2)

제1장에서 필자의 의견은 교회성장의 이론가이든, 목회자이든, 신학을 연구하며 가르치는 교수이든, 신학을 수학하는 학생이든, 심방 전도사든, 그 어느 누구든지 심방의 기본능력은 심방 달란트(이하 은사)를 받으신 분이 그 사역을 할 때 매우 효과적이었다고 보는 견해입니다.

1. 심방을 좋아하십니까? 사람을 좋아하십니까? (자조-自助-심방)

'심방 달란트'를 받았느냐? '심방 달란트'를 못 받았느냐?의 질문은 다른 말로 바꾸어 "심방을 좋아하십니까?" 아니면 "심방을 싫어하십니까?"로 표현하여 이해하여 보았습니다.

대부분의 사람은, 사람 만나는 그 자체를 좋아하여 만나서 험담이나, 농담이나, 그 이하(쑥덕공론) 비방하기를 좋아하는 그 자체는 '심방 달란트 사역'으로 이해하기 어렵습니다. 그런 분들은 사람을 좋아하는 그 이상도 그 이하도 아닌 방문일 뿐입니다. 그 내용은 천사사역도 아니라고 느낍니다. 미션을 수행하는 사명자의 소명의식이 없는 <수다를 늘어놓는 커피숍 토크>와 유사합니다.

심방목적의 정의
필자는 한국교회에서 사용하고 그 이론과 더불어 실제로 진행되는 '심방'이란 뜻은 방문사역, 또는 목회심방, 영적활동의 일체로서 하나님의 말씀(이하 심방설교)이 선포되는 '예배'로 이해합니다.
즉, 한국교회의 성장의 비밀은 목회자나 성도가 신자 혹은 불신자의 가정을 방문—직접 현장에 찾아가서 — 성령과 인간의 만남을 통하여 축복하고 기도해 주며 하나님의 말씀이 설교되는 현상 자체를 심방사역으로 이해한다는 뜻입니다.

" 누구든지 나로 말미암아 실족하지 아니하는 자는 복이 있도다. "
- (마11:6) -

심방 달란트를 받으신 분의 마음
주 여호와 하나님께로부터 심방 달란트를 받으신 분은 그 사역을 매우 큰 사명감으로 이해합니다. 실족의 상태에서 걷게 하고 돌보는 존재론적 보살핌(ontological of caring)의 그 큰 마인드—위대한 심방의 마음으로—체력과 재력을 아끼지 않고, 그것이 소진될 지라도 그 사명을 다하려고 말씀을 연구하며, 그 실행의 계획을 수립합니다.

즉, 그에 관한 책을 구입하여 탐독하거나 그에 관한 전문인과의 만남을 통하여 고견을 듣거나 그의 준비를 위하여 입산(入山)하여 성삼위 하나님과의 깊은 영적기도를 매우 의례적으로 좋아하는 심력(心力)을 가지신 분이십니다.

따라서 그 사역의 전문성과 심방의 기본능력을 자기 자신에게 질문하여 본 다음 '심방 달란트'를 받았는지 그 여부를 확인하여 보아야 할 것입니다.

"나는 심방을 좋아하는가? 싫어하는가? 사람을 좋아하는가?"

2. 심방의 철학, 또는 정의를 내려 한 줄로 적어 보십시오.

심방의 철학이란(?) 자기행동규칙의 자기설정입니다.
영국의 윈스턴 처칠 경은 미국 대통령의 에이브러햄 링컨의 명언을 액자로 만들어 그의 오피스 룸에 걸어 놓았습니다.
" 나는 최선을 다한다. 계속 앞으로 전진 한다. 그 결과가 좋으면 그동안 나에게 쏟아진 비난은 문제가 되지 않는다. 만약에 내가 틀렸다면, 10명의 천사가 내편을 들었다 하여도 좋은 결과는 기대할 수 없을 것이다."

요즘은 병원, 회사, 공공기관도 우리의 미션을 공포하며 자기 다짐의 철학을 표명합니다. 이것이 직업정신이지요. 또는 프로정신입니다.
그래서 필자는 현장 심방을 할 자와 받을 자들에게 특별한 제안을 하는 것입니다.
어느 곳이든지 현장 사정과 상황은 크게 다릅니다.
" 목사님, 상상만 하지 마시고 에스겔처럼 미국의 그랜드 캐년을 다녀와 보세요. 비행기 타고 55분 동안만 현장심방을 다녀오세요. 상상력과 현장의 차이는 엄청나게 달라요. 사막에 호텔을 짓는데 우리 돈 6조원을 들였답니다. 그런데 말입니다. 목사님 같으면 6조원을 들여 교회를 짓겠습니까?"
영화를 보았어요. 추사 김정호 선생의 아버지가 잘못된 지도를 보고 갔다가 그 일행이 모두 몰사했다고 말했어요. 그런 동기가 그로 하여금 현장에 직접 다녀와서 대동여지도를 목각으로 만들었답니다. 추사 김정호 선생의 영화를 보시고 그 느낌을 이야기 하는 것입니다. 아님, 필자도 다녀왔는데 애국가의 지명인 백두산을 다녀오시면 애국가 부를 때에 감성이 살아 날 것입니다. 성지순례를 다녀오시면 더욱 좋고요."

"현장 심방은 천하보다 귀한 주님의 양을 살리는 사역이며 이것이 가장 좋은 미래 투자입니다."
"현장 심방은 교회가 성장될 수밖에 없는 성령의 은사입니다."
"성공하는 목회자는 현장을 심방하는 목회자입니다."
"심방하는 구역장(속장), 셀리더들은 최고의 상을 받을 수 있습니다."
"우는 자들과 함께 우는 심방 자는 '천사' 사역입니다."
"나는 심방하는 목사, 나는 찾아가는 목회자, 나는 양들을 돌보는 (caring) 사역자입니다."
기타 등등의 자기선언 내지 정신적 결단이 심방의 철학이라고 생각할 수도 있습니다. 또는 심방하는 분명한 이유가 있는 목회자는 심방의 전통과 원칙을 세워 놓습니다.

살아 계시고 역사하시는 우리 주 예수 그리스도께서는 오늘도 우리에게 현장심방을 명령하십니다.

" 열두 제자를 부르사 더러운 귀신을 몰아내며 모든 병과 모든 약한 것을 고치는 권능을 주노라! " (마 10:1)

그리고 우리를 각 도시와 성읍 및 산골짜기, 들판, 바다, 강가의 현장으로 가라고 먼저 말씀의 명령을 내리셨습니다.

" 이스라엘의 잃어버린 양(羊)에게로 가라! 가면서 전파하며 말하라! 천국이 가까이 왔다. 병든 자를 고쳐 주라! 죽은 자(심령)를 살려 주라! 문둥이를 깨끗하게 해주며 귀신을 쫓아내되 너희가 거저 받았으니 거저 주라! 아무 도시와 성읍에든지, 촌에 들어가든지, 그 중에 합당한 자를 찾아내어, 그의 집에 들어가면서 평안(平安)하기를 빌라!"(마 10:12)

그리스도 예수께서는 심방하는 모든 제자들을 격려하십니다.

" 너희를 영접하는 자는 나를 영접하는 것이요, 나를 영접하는 자는 나 보내신 이를 영접하는 것이니라. 선지자의 이름으로 선지자를 영접하는 자는 선지자의 상(賞)을 받을 것이요, 의인의 이름으로 의인을 영접하는 자는 의인(義人)의 상을 받을 것이요, 또 누구든지 제자의 이름으로 이 소자 중 하나에게 냉수 한 그릇이라도 주는 자는 내가 진실(眞實)로 너희에게 이르노니 그 사람이 결단코 상을 잃지 아니하리라!" (마 10:40-42)

마태복음 25장은 종말의 비유가 세 편

마태복음 25장은 종말의 비유가 세 편 있습니다.
● 1절부터 13절은 열 처녀 비유, 또는 기름, 등불 비유
● 14절부터 30절은 달란트 비유
● 31절부터 46절은 양과 염소의 비유, 심판의 비유

필자는 이 말씀을 말세가 가까워지면, 현장심방을 더 자주, 빨리하라는 명령으로 이해하고 적용하며 그 심방의 결과를 주님께 보고해야 합니다.

● 열 처녀 비유

 심방이란 하나님께서 사람을 찾으시는 일련의 실천적 연합운동으로 이해합니다. 그 이유 때문에 열 처녀 비유에서는 심방을 받는 이들의 지혜도 담겨 있습니다. 이와는 반대로 심방 사역자의 태만, 거부의 의미도 포함되어 있습니다.
특히, 선교지의 선교사들의 무기력을 깨우시려는 뜻도 있습니다.
먼저 '깨어있는 다섯 처녀의 지혜'를 살펴보면 신랑 되신 예수와 함께 혼인 잔치에 들어간 이유가 있습니다.

1절에는 천국을 향한 목표와 뚜렷한 가치관-신랑을 맞이할 태도-을 가진 처녀들이 있습니다.
4절에는 준비와 여유를 갖는 풍요의 심리를 가진 처녀들이 그릇에 기름을 담아 등과 함께 가져갔더니…참으로 여유가 있었던 처녀들이었습니

다.
5절에는 "신랑이 더디 오므로 다 졸며 잘 새" 앉은 채로 졸며 자는 것이 인생의 여유가 아님을 설명하였습니다.
9절에는 현명하고 객관적인 상황판단 심리를 가진 슬기 있는 처녀들의 처세에 대하여 기록하였습니다.
"우리와 너희의 쓰기에 다 부족할까 하노니 차라리 파는 자들에게 가서 너희의 쓸 것을 사라"

이러한 말씀 끝에 13절에는 "그런즉 깨어있으라 너희는 그 날과 그 시(時)를 알지 못하느니라!"는 종말론적인 시간 관리의 명령이 담겨 있습니다.
종말이 가까울수록 돈으로 믿음의 기름을 살 수 없음을 발견할 수 있습니다.

우리는 이 부분을 종말론(終末論)을 뒷받침하는 말씀으로 이해합니다. 따라서 심방의 시간에 대하여 게을리 하였던 목회자들(이하 심방자)에게 주는 주의사항이 담긴 내용은 등불의 기름이 떨어진 이유에 관한 내용입니다. 즉, 기름 떨어지는 줄 모르고, 신랑 기다림이 지루하여 졸며 잤던 다섯 처녀들을 나름 분석하면 다음과 같습니다.
(1) 자기 기름 조절능력이 부족하였으며,
(2) 시간계산 능력이 부족하였으며,
(3) 기회를 잃어버리고,
(4) (에너지)기름 또는 힘이 부족하였으며,
(5) 재원도 부족하였으며,
(6) 제 것 안 쓰고 남의 것 빌려 쓰려는 나쁜 버릇이 있었으며(차용습관),

(7) 상업주의에 젖어 이해되는 생활문화가 낭패한 경우를 만들어 놓았습니다. 즉, 돈 주고 살 수 있는 것도 많지만 없는 것이 더 많습니다. 특히 심방은사는 더욱 그렇습니다.

심방 받는 이들에게 드리는 제안
이러한 말씀을 단적으로 이해하면, 심방은 종말이 가까워올 수록 더욱 잘 해야 되며, 심방 받는 이들 또한 심방을 단순히 사람을 만나고 기다리는 태도로 이해하지 말라는 뜻입니다.

결론으로, 신랑 되신 예수께서 처녀들을 찾아오신다는 (심방)철학이 있어야 합니다.

● 달란트 비유

"심방은 살리는 사역이며 가장 좋은 미래 투자입니다."
그렇게 이해하는 측면의 성경적 근거는 달란트 비유입니다.

심방을 좋아하는 이들은 달란트를 받은 종들의 행동요령을 따라야 할 것입니다.
심방하는 분들은 심방을 받는 그리스도 예수의 양떼가 내 것이 아님을 인식한 가치관이 있어야 합니다.

 14절에 보면 "또 어떤 사람이 타국에 갈 때 그 종들을 불러 자기소유(自己所有)를 맡김과 같으니"라고 기록되었습니다.

이러한 말씀을 '창고보관업무'로 비유하여 이해하면 생각하는 창고는 나의 것이지만, 생각하는 내용은 나의 것이 아니라는 뜻입니다. 즉, 내 생각은 내가 할 수 있으나 그 생각의 내용은 하나님의 생각, 주님의 생각, 마음, 즉, 예수 그리스도의 생각과 일치해야 된다는 의미입니다.
　이러한 내용을 뒷받침하는 성경구절을 말씀드리면 로마서 11장 36절입니다.

"이는 만물이 주에게서 나오고 주로 말미암고 주에게로 돌아감이라 그에게 영광이 세세에 있을지어다. 아멘"

"그런즉 너희가 먹든지, 마시든지 무엇을 하든지 다 하나님의 영광을 위하여 하라! 나와 같이 모든 일에 모든 사람을 기쁘게 하여 자신의 유익을 구하지 아니하고 많은 사람의 유익을 구하여 저희로 구원을 얻게 하라!" (고전 10:31,33)

　이와 같은 가치관으로 달란트를 이해하면 달란트(Talents) 또한 내 것이 아님을 전제해야 합니다. 따라서 각각 그 재능대로 심방을 해야 된다고 말씀을 드립니다.

"하나에게는 금 다섯 달란트를, 하나에게는 두 달란트를, 하나에게는 한 달란트를 주고 떠났더니…" (마 25:15)

16절에는, "다섯 달란트 받은 자는 (곧)바로 가서 그것으로 장사하여 또 다섯 달란트를 남기고"
17절에는, "두 달란트 받은 자도 그같이 하여 또 두 달란트를 남겼다."

이 말씀에서 달란트를 받은 사람의 가치관을 분석할 필요성이 있습니다. 비유의 말씀이지만 성도들의 삶의 현장을 심방하는 사역자들의 민첩성을 표현하는 내용입니다.

16절에 ―바로 가서― 순발력을 발휘하는 것은 심방 달란트의 소유능력입니다. 이것이 주께는 심방할 시간이 없다는 이유와 핑계가 필요 없음을 깨닫습니다. 심방할 사역을 나중에 미룰 수 없다는 가치관을 설명합니다.

그것으로 장사하여…business, 또는 a dealer(딜러)로 이해하면 다섯 달란트를 받은 자나 두 달란트 받은 자는 투자심리와 그 분석능력을 주께서 미리 주셨음을 뜻합니다.

장사하는 것으로 비유하신 예수님의 뜻을 심방으로 이해하면 됩니다. 장사는 다리품을 팔지 않고는 할 수 없는 일입니다. 현장심방은 소통절차를 밟아가는 것이지요. 이처럼 심방은 다리로 찾아가는 신체활동이 포함되었습니다.

'찾아가야 한다.'는 전제입니다. 그러므로 현장 심방은 심방 사역자의 많은 시간과 체력이 필요한 사역입니다. 미리 체력단련을 해 두시는 것이 주의 명령을 순종하기에 유익합니다. 그런 사람에게 청춘을 돌려주시는 하나님, 늙어도 그 뼈와 살이 윤택하며 <갈렙의 축복>을 받는 길, 헤브론 산을 정복하는 절차로 이해하고 믿는다면 그 심방은 성공적일 것입니다.

또한 장사는 투자 없이는 승수(乘數)가 없는 일입니다. 따라서 그 이익도 없는 것을 예측합니다.

심방 역시 심방자의 자기투자심리가 있어야 되지 않겠습니까?

또는 자기를 드리지 않고는 심방을 할 수 없습니다.

그리고 둘, 다섯 달란트를 받은 자들의 결과보고처럼 종말(終末)에는 천국 주인에게 셈본을 해야 합니다. 그 산수(算數)를 반드시 해야 할 심방 사역 항목입니다.

20절 말씀에, "주여 내게 다섯 달란트를 주셨는데 보소서 내가 또 다섯 달란트를 남겼나이다."라는 보고정신입니다. 즉, 회계(The account) 하는 정신이 있어야 투자도 하는 것입니다. 계산정신이 있는 심방자는 자기의 소유 중에 그 얼마를 피 심방자에게 지급하는 정신 또는 철학이 있어야 됩니다. 그것은 은혜(카리스)를 나누어 주는 사역자의 철학입니다. 그 예를 들면 오병이어의 역사는 어린이가 드린 물고기 두 마리와 보리 떡 다섯 개의 헌신으로 시작된 것입니다.(요6:1-15)

" 여기 한 아이가 있어 보리 떡 다섯 개와 물고기 두 마리를 가지고 있나이다. 그러나 그것이 많은 사람에게 얼마나 되겠사옵나이까? "
(요6:9)
미심쩍어 하는 제자가 나중에 놀란 그 결과는 배(倍), 갑절(Two times, Twice, Double)이었습니다. 즉, 남은 것이 열 두 광주리였습니다.
심방의 결과로 이해하여 봅시다. 심방은 생명을 살리는 배(培)와 갑절이 되는 비결입니다. 그러니 심방하는 재미가 솔솔 나는 것 아니겠습니까?

작은 결론으로, 심방자는 하나님의 기업가로서 생산적인 가치관을 소유하고 있습니다. 그것은 "남기는 가치관" 입니다.(요6:12-13)
예수님은 제자들에게 은혜 받은 후의 주의 사항을 알려 주셨습니다.
" 남은 조각을 거두고 버리는 것이 없게 하라!"
" 남은 조각이 열두 바구니에 찼더라!"

반드시 심방의 결과는 남게 되는데 그것은 '기쁨'이라는 환산될 수 없는 은혜요, 은사요, 달란트입니다. 그뿐 아니라 "잘하였도다." "착하고 충성된 종아!" "네가 작은 일에 충성하였으매 내가 많은 것으로 네게 맡기리니 네 주인의 즐거움에 참예할지어다." 라는 신용장(信用狀)을 얻는 것뿐만 아니라 그 소명과 사명을 후회 없이 이루는 가치관입니다.

● 한 달란트 받은 자를 향한 교훈

주인(主人)께서 한 달란트(무게, 금(金)약 34kg) 를 주셨다고 기록되었습니다. 따라서 한 달란트 받은 자의 사고방식(思考方式—The way of thinking about…)에 대하여 정리해 볼 필요성이 있습니다. 이 정리는 그의 행동에 대한 결과보고에서 찾아 볼 수 있습니다.

24절과 25절을 살펴봅시다.
첫째, 주여 당신은 굳은 사람이라,
둘째, 심지 않은 데서 거두고(공짜 및 거저 받는 의식으로 오해하였음),
셋째, 헤치지 않은 데서 모으는 줄로 알았고
(오해- 노력은 전혀 하지 않고 기적이나 기대하고 있었음),
넷째, 주인을 두려워하여(사랑도, 인정도 없는 사랑결핍자로 착각하였음),
다섯째, 달란트(재능)를 땅에 감추어두는 안전보장 제일주의자로 여겼습니다.

이 말씀을 오늘의 심방 자들에게 적용하여 이해하면
① 심방할 곳이 없다,
② 심방 안 해도 목회가 잘 된다,
③ 피 심방자가 심방을 신청하지 않아서 갈 수 없다,
④ 심방을 해서 뭣 해, 심방해도 소용없는데…
⑤ 나는 오로지 말씀과 기도만 잘하면 되지…라는 적절한 핑계논리를 늘어놓을 수밖에 없습니다.

따라서 이러한 논리의 사고자에게 미래에 내려진 결과는 이렇습니다.
"무릇 있는 자는 받아 풍족하게 되고 없는 자는 그 있는 것까지 빼앗기리라!" (마 25:29)
즉, 확대해석하면 이런 사고방식의 소유자는 심방 달란트를 빼앗길 뿐만 아니라, 심방대상자는 다른 교회로 갈 것입니다.

"이 무익한 종을 바깥 어두운 데로 내 쫓으라! 거기서 슬피 울며 이를 갊이 있으리라!"

즉, 이 말씀을 더 깊이 적용을 하면 할수록 목회 장소를 그 주인에게 뺏겨 버리고 목회실업자, 또는 무임목회자가 될 수밖에 없다는 미래적인 결과의 예고말씀입니다.
그러므로 이 글을 읽는 당신은 목회자이든…심방 담당 교역자이든…셀, 구역(속장) 일을 수행하는 직분자이든, 기관장 및 임원은 심방의 정의를 내리고 당신의 견해를 한 줄로 적어 보십시오.

● 심방이란 ?..

적은 다음에 큰 종이에 옮겨 매직펜으로 쓴 다음 잘 보이는 곳에 붙여 두시고 심방의 좌우명(미션)으로 이해하고 가치관의 실력을 기르십시다.

3. 왜? 그 나라, 그 도시, 그 집, 그 사람에게 자주 심방을 가십니까?

" 심방사역'의 이유와 그 목적이 왜 분명해야 됩니까? "

심방 달란트를 받은 자들은 종말론적 가치관으로 심방의 목적을 앞장 세웁니다. 필자는 심방의 목적과 그 이유들을 '양과 염소의 비유'에서 설명하려고 합니다.

마태복음 25:31절—인자가 자기 영광으로 모든 천사와 함께 올 때에… 피 심방 자들은 인자(人子) 되신 예수 그리스도께서 자기 영광으로 모든 천사와 함께 자기(피 심방자)에게 오기를 기다립니다.

● 피 심방자의 입장은 이렇습니다. 또한 예수님의 입장을 이해하여 봅시다.
" 라오디게아 교회의 사자에게 편지하기를 '아멘'이시요, 충성되고 참된 증인이시요, 하나님의 창조의 근본이신 이가 가라사대 내가 네 행위를 아노니 네가 차지도 아니하고 더웁지도 아니하도다. 네가 차든지 더웁든지 하기를 원하노라. 네가 이같이 미지근하여 더웁지도 아니하고, 차지도 아니하니 내 입에서 너를 토하여 내치리라.
네가 말하기를 '나는 부자라 부요하여 부족함 없다.' 하나 네 곤고한 것과, 가련한 것과, 가난한 것과, 눈먼 것과 벌거벗은 것을 알지 못하도다.

내가 너를 권하노니 내게서 불로 연단한 금을 사서 부요하게 하고, 흰 옷을 사서 입어 벌거벗은 수치(羞恥)를 보이지 않게 하고 안약(眼藥)을 사서 눈에 발라 보게 하라. 무릇 내가 사랑하는 자를 향하여 징계하노니 그러므로 네가 열심을 내라! 회개하라!
볼지어다 내가 문밖에 서서, 두드리노니 누구든지 내 음성을 듣고 문을 열면 내가 그에게로 들어가 그로 더불어 먹고 그는 나로 더불어 먹으리라.
이기는 그에게는 내가 내 보좌(寶座)에 함께 앉게 하여 주기를
내가 이기고 아버지 보좌에 함께 앉은 것과 같이 하리라.
귀 있는 자는 성령이 교회들에게 하시는 말씀을 들을지어다."(계 3:14-22)

 그렇습니다. 말씀 그대로 이해하면 예수님은 심방하기를 원하시는 입장입니다. 그 입장은 그의 양들의 입장의 대부분이 영과 육의 어려운 형편이다. 라는 사실입니다.
그런데 그 실상을 양들은 서로 잘 모를 수밖에 없습니다. 즉, 정보와 소개와 소통의 표현을 안 하고 수집된 정보가 확실하지 않기 때문에 직접 만나서 인터뷰하고, 주 예수의 말씀을 전해야 되는 리포터(보고자)의 사명을 다해야 된다는 뜻입니다. 성령께서 이 사역을 적극 지원해 주십니다.
 즉, 현장에 가면 성령께서 도와주십니다.
물론 이런 일을 앉아서 할 수 있지만(예를 들어, 전화(카톡), SNS, 편지, 엽서, fax, e메일, 인터넷심방 등을 할 수 있다.) 그러나 보다 더 확실한 것은 자주는 아니더라도 심방의 실천적 신학과제를 직접 **두 발**로 현장에 가서 수행할 때에 깊은 은혜와 그 넓이가 있는 것 아니겠습니까?

심방하는 자들은 양과 염소의 비유에서 분명히 양(羊)입니다.
" 양은 그 오른편에 염소는 그 왼편에 두리라."(마 25:33)
" 저희는 영벌에, 의인들은 영생에 들어가리라!"(마 25:46)

이러므로 심방하는 자들은 복(福) 받을 자들입니다.
"그 때에 임금이 그 오른편에 있는 자들에게 이르시되 내 아버지께 복 받을 자 들이여! 나아와 창세로부터 너희를 위하여 **예비 된 나라**를 상속(相續)하라!"(마 25:34)

따라서 심방은 항상 예비 되어 있는 **상속유산**입니다. 그러므로 심방자들은 피 심방자의 입장을 이해하는 것과 아울러 자신이 받을 하나님나라의 유산을 상속받는 거룩한 복을 생각해야 될 것입니다.
(물론 필자의 견해는 현세에서도 분명한 상속유산의 철학을 믿고 있다.)

다음의 글은 피 심방자가 심방 자들을 기다리며 쓴 글입니다. 참고가 되기를 바라면서 적어 놓습니다.

천사는 자주 오지 않는다. 그러나 나는 기다린다.

아브라함을 찾아 왔던 그 천사들
혹은 하나님의 임재를 나는 기다린다.
자식 없는 암흑한 미래를 생각하며
뜨거운 태양 아래 그늘진 곳에서 그가 천사를 기다린다.

벧엘은 기적과 같은 꿈을 꾸게 하고

하늘의 사닥다리를 오르락내리락하였던 그 천사들을
혹은 하나님의 사자들의 열심의 열기를 나는 기다린다.
어디로 가야할지 모르고 어떻게 언제 귀향할지 모를
암담한 현실 속에서 새로운 도전과 목표의식을 일깨웠던
천사들의 모습을 그림 그리며 그들을 기다린다.

그 이름들
가브리엘, 미카엘, 모두 하나님의 심부름꾼들
구원의 소식을 가지고 미천한 인생들을 방문하며
하나님의 구원소식을 전하는 심방꾼들을 나는 기다린다.

그들은 자주 오지 않는다. 그러나 나는 그들을 기다린다.
그들이 올 때는 내 구주 예수 그리스도께서도 함께
이 땅에 내려오시기 때문에 나는 그들을 기다린다.

그들은 언제나 말씀을 가지고 인생들에게 찾아 왔었다.
조금도 흔들리지 않는 거룩한 말씀들을
어김없이 가지고 와서 전달하였다.
그 말씀의 내용은 이루어졌기 때문에
나 또한 말씀 전하는 이들을 기다린다.

1004 심방 대원들을 기다리며…

천사는 오지 않는다.
기다려도 현시하지 않는다.

그러나 천사의 마음이 왔다.
"나 보고 천사노릇을 하라고 전달된 천사의 마음"

그들은 진정으로 하나님의 보내신 천사의 도움을 기다리고 있었다.
그들은
정신적인 도움.
물질적인 도움.
목마른 사람에 대한 그리움.
홀로 된 외로움.
곤고한 것, 가련한 것, 벌거벗은 수치 그대로
천사의 도움을 기다리고 있는 퀘퀘한 냄새 속에서
거룩한 거지처럼 모여 있었다.

그래서 필자는 전도사 시절에 '한국나사로 특수 선교회- 임마누엘(장애인) 나눔의 집' 그 기초를 만들고 그들과 함께 살았었습니다.
우리는 그들과 함께 살았었습니다.
그리스도 예수의 이름으로 기도를 해주었습니다.
십자가의 은총을 기리며… 부활의 비전을 주었습니다.
이제 그들은 거여동의 임마누엘 장애 공동체가 되었고, 광명 사랑의 집 공동체로 발전하여 여전히 천사의 사역을 하고 있습니다.
흩어진 형제들은 지금도 같은 장애 우들을 도우리라 믿고 삽니다.
도울 수 있어서 행복하였습니다.

다만 우리 가족이 주 예수의 이름으로 찬송과 명예와 영광된 천사역할을 해서 기쁜 추억을 합니다.

「사랑하는 성도여! 골로새서 4:8절에 ' 내가 두 기고를 특별히 너희에게 보낸 것은 너희로 우리 사정(事情)을 알게 하고 너희 마음을 위로하게 하려 함이라!'고 기록되었습니다.
여기에 심방을 자주 하는 열정과 그 집에 가서 그 사람을 만나는 이유가 있습니다.」

4. 심방의 편견은 없으십니까?

 심방에 대하여, 혹은 심방을 자주 하는 자들을 향하여 일부의 성도들과 목회자들, 또는 교수들은 이런 편견의 소리를 합니다.

"심방은 무속적 유물이다."
"심방은 기복적이다."
" 심방이 소위 잘 나가는 계층에게 치우쳐 있다."
"심방하면 대접 잘 받고, 용돈 생기고, 좋다."

 그럴지라도 심방은 목회기능의 한 요소임에는 분명합니다.
목사(혹은 교역자)로서 심방을 하여 그리스도 예수의 피 공로로 얻으신 그의 양을 먹이고, 치고, 가르치는 사역은 당연한 의무사항입니다(요 21:15-17).
그리하면 초대교회처럼 믿음의 공동체로서 발전합니다.
" 믿는 무리가 한 마음과 한 뜻이 되어 모든 물건을 서로 통용하고 제 재물을 조금이라도 제 것이라 하는 이가 하나도 없더라! 사도들이 큰 권능으로 주 예수의 부활을 증거 하니, 무리가 큰 은혜를 얻어 그 중에

핍절한 사람이 없으니 이는 밭과 집 있는 자는 팔아 그 판 것의 값을 가져다가 사도들의 발 앞에 두매 저희가 각 사람의 필요를 따라 나눠 줌이러라!"(행 4:32-35)

그렇기 때문에 한 편에서는 '아나니아'와 '삽비라'부부 같은 유형의 사람들도 발생하기 마련입니다(사도행전 5:1-11절을 읽어 보십시오). 그렇다고 심방의 병폐만 보고 심방 그 자체를 게을리 하거나 성도간의 영적 교제와 그 만남의 행위를 중지할 수는 없는 일입니다.

필자는 심방은 하나님의 명령이라고 믿습니다. 그리고 심방은 예수 그리스도의 모범적인 사역이셨으며, 성령님의 현현사역으로 이해합니다. 특히 심방 중에 발생되는 은혜와 전도의 효과는 하나님의 종합적인 선교 카리스마입니다.
사람의 심령을 일으키며 살리 는 언어가 풍성한 은사로 모아집니다. **심방이야말로 첨단 과학이 만들어낼 수 없는 사람의 한 길 마음속을 뒤집어 놓는 중생의 역기능이 있다고 믿습니다.**

심방에 관한 구약의 그림은 현대의 우리에게도 한편의 시(詩)로 펼쳐집니다.

♪ 여호와는 나의 목자시니 내가 부족함이 없으리로다.
　그가 나를 푸른 초장에 뉘이시며 쉴 만한 물가으로 인도하시도다.
　내 영혼을 소생시키시고
　자기 이름을 위하여 의의 길로 인도하시는도다.

내가 사망(死亡)의 음침한 골짜기로 다닐지라도
해(害)를 두려워하지 않을 것은 주께서 나와 함께하심이라.
주의 지팡이와 막대기가 나를 안위하시나이다.

주께서 내 원수의 목전(目前)에서 내게 상(床)을 베푸시고
기름으로 내 머리에 바르셨으니 내 잔(盞)이 넘치나이다.

나의 평생(平生)에 선하심과 인자하심이 정녕 나를 따르리니
내가 여호와의 집에 영원히 거하리로다. ♬♪

 이처럼 성경 한 장이 주는 노래는 심방의 필요, 돌봄과 가꿈, 그리고 인도와 평안의 위로기능을 운율로 느끼게 합니다. 즉, 심방을 통하여 불안한 인생심리를 그리스도 예수의 복음과 말씀으로 치유하는 직접적인 사역을 편견 없이 표현하였습니다.
또한 심방에서 드려지는 헌금(제물)과 기도, 그리고 그 말씀은 피심방자를 선하고 인자한 인격의 거듭남을 성령의 만지심으로 이해하여야 합니다. 또한 그 영향과 가치를 높여 주 하나님께 영광과 존귀함을 찬송하며 감사하게 만듭니다.
그러므로 영원한 소망을 고백하는 심방사역은 예찬받기에 합당한 사역입니다.

5. 심방 달란트를 받으신 증거와 증인들의 이름을 적어 보십시오.

●심방 달란트를 받으신 증거는 그리스도 예수의 몸 된 지체 안에서 찾

아볼 수 있습니다. 이것을 찾고, 구하고, 두드리는 자기 확인 작업은(마 7:7) 신령한 근심과 유사합니다.

고린도 후서 7:10절에 "하나님의 뜻대로 하는 근심은 후회할 것이 없는 구원에 이르게 하는 회개를 이루는 것이요, 세상 근심은 사망을 이루는 것이니라!"고 기록되었습니다.

 피 심방 자들은 심방을 받아야 세상근심을 철회하거나 떨쳐낼 수 있습니다. 만일 기피하면 할수록 물질의 풍요 속에 빈곤을 겪습니다.
즉, 부자와 나사로의 이야기를 하소연해도 소용이 없을 경우가 옵니다. 심방 자들은 신령한 근심(謹審)을 하며 사망에 이를 정도로 상황이 악화된 세속적인 근심 자들을 찾아내야 할 것입니다.
이를 가능하게 하는 것을 세 가지로 말씀드립니다.

첫째는 하나님의 도움의 힘을 간구하는 기도입니다.
 즉, 기도 없이는 피심방자가 누구인지 모릅니다. 전해들은 이야기 정보는 다른 경우가 허다합니다. 사실과 다른 이해를 하고 있는 오해의 경우가 많다는 것입니다. 증거불충분으로 판단을 할 수 없습니다. 따라서 하나님의 힘을 의지하는 기도를 주님께 충분히 질문을 하십시오.

둘째는 하나님의 감동으로 된 성경말씀을 전달하는 것을 목표해야 성공하는 심방입니다.
 피 심방자가 내면적으로 난리를 겪는 (예를 들면 경제적인 부도, 부부 관계의 이혼직전, 좌절, 우울, 절망, 교통사고로 인한 신체적 피해, 암 병 같은 상태)중에는 상황판단이 적절하지 않을 경우가 많습니다. 그러므로 하나님의 감동으로 된 성경말씀으로 교훈과 책망과 바르게 함을 전달해야 합니다. 흔히 자기의 견해를 밝혀 상담하듯이 심방하면 피 심방자의 내면이 수습되는 듯합니다. 그렇지만 피 심방자는 시험에서 벗어나지 못합니다. 이런 응급에서 효과를 바라지 말고 충분한 시간을 가지고 스스로 성경을 읽게 하는 **내면의 건축방법**을 사용하는 것도 피 심방자에게는 매우 유익한 결론을 만들 수 있습니다.

셋째, 모든 권면의 말씀핵심은 피 심방자의 심령을 살리는 것입니다. 즉, 하나님께서 창조하신 인권의 핵심을 알려주는 심방 복음입니다. 창조된 인권이란 태초의 사람에게 주어진 인생미션입니다.

즉, 1) 창세기 1:26절에 '하나님이 이르시되 우리의 형상을 따라 우리의 모양대로 우리가 사람을 만들고 그들로 바다의 물고기와 하늘의 새와 온 땅에 기는 모든 것을 다스리게 하자 하시고 27절에 하나님이 자기 형상 곧 하나님의, 형상대로 사람을 창조하시되 남자와 여자로 창조하시고
2) 28절에 하나님이 그들에게 복을 주시며 하나님이 그들에게 이르시되 생육하고 번성하며 땅에 충만 하라, 땅을 정복하라, 바다의 물고기와 하늘의 새와 땅에 움직이는 모든 생물을 다스리라는 메시지입니다.

 다시 마태복음 25장의 양과 염소 비유로 심방 달란트를 받으신 증거를 나열하겠습니다. 심방의 사명이 있는 자가 우선으로 좀 더 자세히 집중하여 주님 말씀 앞에서 묵상하면 그들의 형편에 대한 그림이 보입니다. 대부분 그들의 상태는 이렇습니다.
1. 신령한 근심으로 찾아내야 할 피 심방 자들은 영적기근- 굶주린 사

람들입니다. 자기의 연민-나르시스에 웅덩이에 빠진 요셉의 처지에 놓여 있는 경우가 많습니다. 심방자가 낙타상인 역할이 되어야 합니다.
2. 삶에 곤고함으로 사막 한가운데 있는듯하여 고독한 사람들입니다.
3. 갈증 난 영혼과 인정의 갈급함이 절실한 사람들입니다.
4. 수치(부끄러움)를 모르고, 헐벗은 채로 있는 사람들입니다.
5. 떠도는 나그네, 흐르는 구름 같은 사람들, 정처 없는 사람들입니다.
6. 병들어 삶의 의욕을 잃고, 가족들과 격리되어 같은 병마와 싸우며 사경을 헤매는 사람들입니다.
7. 죄인이 되어 옥에 갇혀 삶의 자유를 박탈당한 죄수들입니다.
8. 지극히 어린 아이(심령)들입니다. 이들은 인격적인 대우를 받지 못하고 소외당하거나 혹사당하거나 방치된 이 땅의 '왕따(?)'들 입니다.
9. 늙거나 병든 독거노인들, 과부로서, 이혼녀, 홀아비들이 성적으로 유혹당하고, 핀잔과 농담의 능욕을 당하는 사람들입니다.
10. 스스로 원치 않아도 이 사회가 소외시키고 있는 소외계층의 사람들입니다.

이제 우리 주 예수 그리스도께서는 심방을 실행한 양들에게 의인(義人)의 별칭(別稱)와 그들을 그 오른편에 두시는 이유를 말씀하시었습니다.(그리스도 예수의 몸 된 지체들을 염두에 두시고 하신 말씀으로 믿습니다.)

" 내 아버지께 복(福) 받을 자들이여! 나아와 창세로부터 너희를 위하여 예비 된 나라를 상속하라! 내가 주릴 때에 너희가 먹을 것을 주었고, 목 마를 때에 마시게 하였고, 나그네 되었을 때에 영접하였고, 벗었을 때에 옷을 입혔고, 병들었을 때에 돌아보았고, 옥에 갇혔을 때에 와서

보았느니라!"(마 25:34-36)

이에 의인들은 어느 때 어느 일을 그렇게 했는지 몰랐다고 시인하였지만(마 25:37-39), 예수 내 임금이 되신 분은 이렇게 말씀하셨습니다.

"내가 진실로 너희에게 이르노니 너희가 여기 내 형제 중에 지극히 작은 자 하나에게 한 것이 내(그리스도는 교회의 머리)게 한 것이니라!"(마 25:40)

에베소서 1:23절에는 "교회는 그의 몸이니 만물 안에서 만물을 충만케 하시는 자의 충만이니라!"고 말씀하셨습니다.
골로새서 1:18절에는 "그가 몸인 교회의 머리라 그가 근본이요." 라고 말씀하셨으니 그의 지체된 자들을 서로 돌아보는 은사는 성령의 카리스마(은사)요, 재능적인 종합 달란트로 이해합니다.

이와는 반대로 심방하지 않는 모든 이들을 일컬어 '염소'라는 별호를 내리시었습니다. 즉, 심방 마인드가 없으신 분들, 심방의 은사가 없다고 부인하는 모든 분들은 한 달란트의 기본능력을 땅속에 묻어두는 저차원의 '염소'라는 뜻입니다.
이러한 저차원의 염소들에게는 예수님의 영벌이 내릴 것입니다.
" 저주를 받은 자들아 나를 떠나 마귀와 그 사자들을 위하여 예비 된 영영한 불에 들어가라 내가 주릴 때에 너희가 먹을 것을 주지 아니하였고, 목마를 때에 마시게 하지 아니하였고, 나그네 되었을 때에 영접하지 아니하였고, 벗었을 때에 옷 입히지 아니하였고, 병들었을 때와 옥에 갇혔을 때에 돌아보지 아니하였느니라!"

마찬가지로 심방에 대하여 마음이 없거나, 심방 달란트를 부인하였던 사람들도 "주여! 우리가 어느 때에… 그리 하더이까?" 반문할 것입니다.
그러나 결과는 염소에게 내린 벌은 영벌(永罰)입니다. 의인들에게 내린 은혜는 영생(永生)에 들어갈 것입니다.
아직도 늦지 않았습니다. 주 예수께서 말씀하신 성령의 역사로 귀하에게 미리 준 한 달란트를 캐내시면 됩니다.

 지금도 성경에서 심방의 효과와 그 능력에 대하여 성경의 증인들은 태풍이 불고 파도가 심하여 죽을 것 같은 제자들을 찾고 구하시려고 직접 바다 물위를 **두 발**로 걸어오신 예수님의 심방을 추억하고 있습니다.
나 역시 감사와 감격하고 있습니다.
" 우리 지금 당장 만나요!"
" 미션을 받은 자는 무조건 가야 놀라는 맛과 웃음이 있습니다. 설마 문전박대 하실까요?"
" 거절을 당해도 가면 조금씩 달라져 있을 것입니다."
" 귀하의 미션을 다하는 것이 주님의 시선(視線)입니다."

 아무튼 마태복음 25장의 뒤로 거슬러 올라가면 예수님께 직접 현장전도심방을 받았던 증인들의 고백과 그들의 이름들이 있습니다.

< 내가 이를 위하여 왔노라! -막1:38 >
< 내가 의인을 부르러 온 것이 아니요 죄인을 부르러 왔노라! -막2:17 >

복음의 은혜, 심방을 체험하여 산 증인들의 고백과 그들의 이름들

⑴ 베드로와 안드레—"예수님께서는 '바닷가'로 걸어 오셔서 이렇게 말씀하셨어요. 나를 따라 오너라 내가 너희로 사람을 낚는 어부가 되게 하리라!"(마 4:18-22)

⑵ (한) 문둥병자—"예수님께서는 산상수훈을 마치시고 '산'에서 내려오셔서 내게로 오셨습니다. 사실은 우리 같은 문둥병자들은 격리수용자들인데…내가 원하노니 깨끗함을 받으라 하시니 즉시 저의 문둥병이 깨끗하여졌었지요."(마 8:1-3; 막1:40-45)

⑶ (한) 백부장—"가버나움에서 있었던 일이지요. 제가 이렇게 예수님께 간구하였지요. 주여! 내 하인이 중풍 병으로 집에 누워 몹시 괴로워하나이다! 그랬더니 예수님은 '내가 가서 고쳐 주리라!'고 적극적으로 반응을 하셨지요." 물론 내 하인의 병은 나았고요.

⑷ 베드로의 장모—"제가 사위 베드로의 집에서 열병에 누워 있을 때에 주께서 직접 오시어 내 손을 직접 만져 주시니 내 열병이 감쪽같이 치유되었지요. 할렐루야!"(마 8:14-15; 막1:29-31)

⑸ 귀신 들리었던 자—"가다라 지방에서 무덤 주변에 살던 때였습니다. 예수님은 나의 미친 짓과 같은 형편을 직접 찾아오시어 나를 온전하게 치유해 주셨습니다."(마 8:28-34 ; 막5:1-20; 눅8:26-39)

⑹ 회당장 야이로의 딸—"저는 죽었던 경험이 있어요. 우리 아빠가 예수님께 저를 살려 달라고 애원할 때에 예수님께서는 얼른 일어나 아빠를 따라 오시더니 내 손을 직접 잡아 주시자 저는 마치 잠에서 깨어

난 듯 일어나 건강해 졌어요."(마 9:18-25)

(7) 열 두해(12년)을 혈루증에 걸렸던 여인―"저는 조금 부끄러워요. 왜냐하면, 회당장 야이로의 딸을 살려 주시려고 급히 가실 때에 제 마음에 '그 겉옷만 만져도 구원을 받겠다.' 생각한 후 진짜로 그의 겉옷을 만졌더니 예수님께서 어떻게 아시고 그 바쁘신 와중에도 저를 안심하게 하고 위로와 치료를 해주시는 말씀을 하셨지요. '딸아 안심하라! 네 믿음이 너를 구원하였다.'"(마 9:22; 막5:21-43; 눅8:40-56)

(8) 두 소경―"저는 조금 시끄럽게 떠들고 외쳐서 예수님을 우리 집으로 초대하였지요. 사실 앞도 안 보이는 우리 집이 오죽이나 지저분했겠어요. 그런데 예수님은 그런 상황은 개의치 않으시고 우리 집에 들어오셔서 '내가 능히 이 일 할 줄을 믿느냐?'고 물으셨어요. 제가 '주여! 그러하외다.' 대답하였더니 제 눈을 그의 손으로 만져 주시며 '너희 믿음대로 되라!'고 말씀하시자, 우리 두 명의 눈이 곧 밝아져서 보게 됐어요. 중요한 것은 예수님을 향한 '믿음' 이었어요."(마 9:27-31)
(이외에도 심방을 받은 이들의 증인이 많으나 지면상 생략 하겠습니다. 더 자세한 내용은 1004 심방 설교 대 사전을 구입하여 참고 하세요 .)

그렇습니다. 예수님께서는 삶이 초라해진 사람들을 생기(生氣) 나게 살리시는(창2:7)현장심방을 즉각 단행하셨습니다. 다시 말씀 드리면 주 예수님은 모든 성(城)과 촌(시골)에 두루 다니사 저희 회당에서 가르치시며, 천국 복음을 전파하시며 모든 병과 악한 것에 시달리는 세상 근심 자들을 고치어 주시는 **'발로 발'** 심방사역을 실천하시었습니다. 또한 그들 무리들을 보시고 민망히 여기시니 이는 저희가 목자 없는 양

(羊)과 같이 고생하며 유리함의 형편이었기 때문이었습니다.
추수할 것(심방할 대상자들)은 많되 심방일꾼은 적다고 안타깝게 여기셨습니다(마 9:35-38). 그러므로 피심방자들이 역발상으로 기도하거나 외쳐서 심방자들을 보내달라고 주 하나님께 청원해야 될 것입니다.

△ 아! 나는 심방리더인가? 도우미인가?

지금도 예수님께서는 심방자들을 찾으시며 종말론적 비유를 통하여 현장심방을 명령하십니다.
심방을 주선하거나…권면하거나…피심방자의 형편을 참작하여 신령한 근심을 하는 것은 당신이 심방 달란트를 받으신 증거입니다. 이것은 신령한 은사와 달란트를 받은 리더(이끄는 자)가 분명합니다.
마태복음 9장에 보면 심방도우미의 모델 네 명이 나옵니다. 필자는 그들을 심방도우미로 생각해 보았습니다. (막2:1-12; 눅5:17-26)
그들은 침상에 누운 '중풍병자'를 도와서 들것에 싣고 주 예수님께서 계신 곳으로 찾아 왔습니다.

필자는 이를 피 심방자의 필요의 시급사안에 따른 자조(自助)적인 심방으로 이해합니다. 자조(自助)적인 심방은 피심방자와 심방자의 만남으로 이루어집니다. 이 때문에 목회자는 정기적인 시간-자조심방을 원하는 이들을 위하여 목회자의 목회 계획시간을 뚝 떼어 놓으면 서로 도움이 될 것입니다.

이 땅의 심방대원들, 분명히 심방도우미로서 타인의 기쁨을 위하여 행동하는 현상은 믿음의 기동타격대와 같습니다.

그들의 이타적인 사고는 그리스도 예수께서 피 값으로 사신 교회의 지체들을 영적, 육적으로 건강하게 살려내려는 역사의 도우미들입니다. 그러므로 심방의 좋은 은사, 종합 달란트를 최대한 계발하고 활용하여 최고의 인자와 진리에 사로잡힌 심방 대원들이 되십시다. ─아멘─

제2장
기본상식=성경적인 심방계발의 5원리

심방자 · 피 심방자를 향한 기본상식이 요구되는 오늘의 현실입니다. 성경적인 심방 계발의 5원리는 필자의 견해로서 그 근거는 다윗의 아들 이스라엘 왕 솔로몬의 잠언에서 비롯되었고, 그 결과의 논리는 사도 바울의 서신(書信)에서 성구로 정리된 내용입니다.

 심방자와 피 심방자의 대화는 가장 덕스러운 잠언—덕담입니다. 그러니 잠언을 많이 읽지 않고 심방하는 일은 가급적 피하는 것이 좋습니다. 그런 준비가 부족하면, 덕담보다는 한담이 되거나 비방 및 지시의 언어가 되기 때문입니다.

 잠언의 말씀을 권유하는 것은 그 말씀의 결과 때문입니다.
잠언은 '지혜' 위주의 말씀입니다. 잠언은 훈계 중심의 말씀입니다. 잠언은 명철한 언어, 즉 냉철하고 객관적인 태도의 언어 말씀입니다.
 " 가령 초상집 심방과 잔칫집 심방이 동시에 일어난다면 어느 집을 우선순위로 두느냐? "고 갈등할 때에 초상집에 먼저 가는 것이 지혜라는 명철한 말씀이 잠언 속에 담겨있기 때문입니다.

'깨달음'은 잠언의 명령이기도 합니다.
'실천'은 한 사람을 살리는 실력(열매와 힘)입니다.

1원리 : 지혜롭게 '심방예배'를 드려야 합니다.

 심방은 하나님께서 진행하시는 것입니다. 따라서 심방자와 피 심방자들은 신론(神論)에 입각한 예배를 드려야 합니다.
가령 심방을 가서 예배의 5요소인 말씀의 선포가 성경적으로 진행되지 아니하면 단순한 내방·대담이 됩니다. 단적으로 표현하여 심방을 가서 예배를 드리지 않을 경우에는 미련한 일이 됩니다.
잠언 1:7절—"여호와를 경외(敬畏)하는 것이 지식의 근본(根本)이어늘 미련한 자는 지혜와 훈계를 멸시(蔑視)하느니라!"
잠언 3:5-6절—"너는 마음을 다하여 여호와를 의뢰(依賴)하고 네 명철을 의지하지 말라! 너는 범사에 그를 인정(認定)하라 그리하면 네 길을 지도하시리라!"

그렇다면 '지혜'는 무엇입니까? 그 지혜는 생명의 주 예수 그리스도 이십니다. 그러므로 어느 가정이든지, 기업이든지, 그 어느 곳에서든지 하나님의 존재와 그의 말씀과 그의 역사, 보호, 인도하심을 인정하며 믿고 예배를 드려야 옳은 일이며 바른 심방이라고 생각됩니다.

2원리 : 의롭게 '심방교제'를 해야 합니다.

심방 할 때, 여러 형태의 교제와 대화가 이루어질 때에 기독론(基督論)에 중심을 잃지 말아야 합니다.

< W W J D >

" What

Would

Jesus

Do?"

" 예수님이라시면 어떻게 하실까?"를 염두에 두고 대화하여야 합니다.

심방 교제 시에 가장 무서운 언어가 있다면…그 단어는 '불신(不信)'입니다. 불신의 언어는 여호와께서 싫어하시는 것입니다.

잠언 6:16절—" 여호와께서 미워하시는 것, 곧 그 마음에 싫어하시는 것이 6~7가지니 곧 교만(驕慢)한 눈과, 거짓된 혀와, 무죄한 피를 흘리는 손과, 악한 계교를 꾀하는 마음과 빨리 악으로 달려가는 발과 거짓을 말하는 망령된 증인과 및 형제 사이를 이간(離間)하는 자니라!"

신명기 1:25절—" 우리의 하나님 여호와께서 우리에게 주시는 땅이 좋더라!"

신명기 1:32절—" 이 일에 너희가 너희 하나님 여호와를 믿지 아니하였도다."

요한복음 20:27절—" 도마에게 이르시되 네 손가락을 이리 내밀어 내 손을 보고, 네 손을 내밀어 내 옆구리에 넣어 보라 그리하고 믿음 없는 자가 되지 말고 믿는 자가 되라!"

요한복음 20:29절—" 예수께서 가라사대 너는 나를 본고로 믿느냐? 보지 못하고 믿는 자들은 복(福)되도다."

요한복음 20:30절—" 예수께서 제자들 앞에서 이 책에 기록되지 아니한 다른 표적도 많이 행하셨으나 오직 이것을 기록함은 너희로 예수께서 하나님의 아들 그리스도이심을 믿게 하려 함이요 또 너희로 믿고 그 이름을 힘입어 생명(生命을 얻게 하려 함이니라!"

그러므로 그리스도 예수의 몸 된 지체들의 심방교제는 '지혜의 말이 생산적이요, 역동적이요, 소망을 주는 교제이어야 영적 교제의 맛을 느낄 수 있습니다. 즉, "그리스도의 말씀이 너희 속에 풍성히 거하여 모든 지혜로 가르치며, 권면하고, 시와 찬미와 신령한 노래를 부르며 마음에 감사함으로 하나님을 찬양하는 것입니다.
또 무엇을 하든지 말이나 일에나 다 주 예수의 이름으로 하고 그를 힘입어 아버지께 감사하는 교회의 지체가 되어야 합니다. 말씀과 십자가의 보혈로 구속받은 우리들이므로 「예수 중심」의 교제가 유익하다고 생각됩니다. 이는 「예수 말씀」은 「예수 생명」을 「예수 영생」을 전하는 복음이기 때문입니다.

3원리 : 공평하게 '심방전도'를 해야 되는 원리입니다.

필자가 한동안 머물러서 교회사역의 지체로 활동해왔던 종암동에 소재한 종암중앙교회 당회장 조경대 담임목사의 목회지침은 다음과 같습니다. (지금은 원로목사이시며 개신대학원 대학 명예 이사장)
첫째가 말씀연구요,
둘째는 기도요,
셋째가 심방사역이었습니다.
이를 책방, 골방, 심방이라고 말합니다. 그 중에 심방사역은 하루에 여덟 시간씩 하되 하루에 8집~10집을 해야 되는 목표가 제시되어 있습니다. 물론 지금은 그렇게 진행하지 못한다고 합니다.

 그러나 그 때에는
7대 교구로 나누어 담임목사의 기도 후에 둘씩 (교구목사와 심방여전도사) 짝을 지어 출발시킵니다. 교구 목사님과 교구담당 여전도사님들의 8집~10집의 심방일정은 한 주간의 동정이었습니다.
따라서 일주일이면 (8×6일)=48집
48집×51주(한 주간은 휴가),대략 2,448집
이것을 7교구로 합하여 환산하면 17,136집입니다.
필자는 이때의 교회는 성장하고 또 성장하는 긍정적인 면을 많이 보았습니다.

 과연 이러한 계산이 공평하게 한 가정씩 배정하면 일 년에 몇 회 이상 고정심방이 이루어진다는 계산이 나옵니다. 또한 전도심방일 경우에는 참으로 여러 번의 방문 결과가 나오는 셈이 됩니다.

그러므로 지상의 지 교회가 크든지 작든지 심방은 여러 집을 할 수 있다는 공평한 계산이 됩니다. 따라서 치우친 심방은 다음의 말씀을 거치는 경우가 됩니다.

" '두기고'가 내 사정을 너희에게 알게 하리니 그는 사랑을 받는 형제요, 신실한 일꾼이요, 주 안에서 함께 된 종이라 내가 저를 특별히 보낸 것은 너희로 우리 사정을 알게 하고 너희 마음을 위로하게 하려 함이라 신실하고 사랑을 받는 형제 '오네시모'를 함께 보내노니 그는 너희에게서 온 사람이라 저희가 여기 일을 다 너희에게 알게 하리라! 나와 함께 갇힌 '아리스다고'와 바나바의 생질 '마가'(이 마가에 대하여 너희가 명을 받았으매 그가 이르거든 영접하라 '유스도'라 하는 '예수'도 너희에게 문안하니 저희는 할례당이라 이들만 하나님 나라를 위하여 함께 역사하는 자들이니 이런 사람들이 나의 위로가 되었느니라!"(골 4:7-11)

따라서 공평한 사고와 가치관으로 서로 돌보는 위로의 달란트를 골고루 평안하게 교차되도록 하고, 심방의 기회균등원칙과 심방 받는 이들의 지역안배를 효과적으로 세워야 할 것입니다.

4원리 : 정직하게 '심방봉사'를 하는 원리입니다.

이 원리는 '교회론'에 입각한 전면적인 심방의 중심가치관이 담긴 원리입니다.
본 원고에서 자세하게 길게 쓸 수는 없으나 **'심방봉사'는 천상교회와 지상교회와 깊은 관계**가 있습니다. 즉, 교회 담임목회자의 목회지침 이전에 하나님 앞에서의 심방사역 내지 봉사임을 인식해야 합니다.

잠언 10:1절—" 속이는 저울은 여호와께서 미워하셔도 공평한 추는 그가 기뻐하시느니라!"
잠언 10:3절—" 정직한 자의 성실은 자기를 인도하거니와 사특한 자의 패역은 자기를 망(亡)케 하느니라!"
잠언 10:16절—" 진리를 말하는 자는 의를 나타내어도 거짓 증인은 궤휼을 말하느니라!"
잠언 10:23절—" 슬기로운 자는 지식을 감추어 두어도 미련한 자의 마음은 미련한 것을 전파하느니라!"

잠언 16:2절—" 사람의 행위가 자기 보기에는 모두 깨끗하여도 여호와는 심령을 감찰하시느니라!"

디모데전서 1:4절—" 신화(神話)와 끝없는 족보(族譜)에 착념치 말게 하려 함이라 이런 것은 믿음 안에 있는 하나님의 경륜(經綸)을 이룸보다 도리어 변론(辯論)을 내는 것이라"

디모데전서 1:5절—" 경계의 목적은 청결한 마음과 선한 양심과 거짓이 없는 믿음으로 나는 사랑이거늘"

디모데전서 6절—" 사람들이 이에서 벗어나 헛된 말에 빠져"

디모데전서 3:14-15절—" 내가 속히 네게 가기를 바라나 이것을 네게 쓰는 것은 만일 내가 지체하면 너로 하나님의 집에서 어떻게 행하여야 할 것을 알게 하려 함이니
이 집은 살아 계신 하나님의 집이요,
진리의 기둥과 터이니라"

그러므로 개인의 사특한 생각이 개입되지 않은 심방봉사는 장래에 심방자인 자기를 위하여 좋은 터를 쌓는 원리이며 참된 생명을 살리는 길입니다. 오직 거짓 되게 일컫는 지식의 망령되고 허한 말과 변론을 피하십시다.(딤전 6:19-20)

5원리 : 심방 실천하기입니다. 심방사역은 구원론에 입각하여 실천해야 합니다.

심방의 이론보다는 현장심방의 실천 활동 사역이 한 사람을 구원하고, 신령한 은혜를 누리게 하는 양육사역입니다.

말세에는 이단의 죄악과 그 영향이 심각한 형편에 이르게 됩니다. 사도 바울은 디모데의 편지에서 강조하였습니다.

 그때에는 성도들이 고통 받는 때입니다. 그래서 더욱 심방을 실천해야 합니다.

디모데전서 3:2-6절—"사람들은 자기를 사랑하며 돈을 사랑하며 자긍하며, 교만하며, 훼방하며, 부모를 거역하며, 감사치 아니하며, 거룩하지 아니하며, 무정하며, 원통함을 풀지 아니하며, 참소하며, 절제하지 못하며, 사나우며, 선한 것을 좋아 아니하며, 배반하여 팔며, 조급하며, 쾌락을 사랑하기를 하나님 사랑하는 것보다 더하며,
경건의 모양은 있으나 경건의 능력은 부인(否認)하는 자니 이 같은 자들에게서 네가 돌아서라!"
디모데후서 3:6-7절—"저희 중에 남의 집에 가만히 들어가 어리석은 여자를 유인하는 자들이 있으니 그 여자는 죄를 중히 지고, 여러 가지 욕심에 끌린바 되어 항상 배우나 마침내 진리의 지식에 이를 수 없느니라!"
디모데후서 3:8절—" 얀네와 얌브레가 모세를 대적한 것 같이 저희도 진리를 대적하니 이 사람들은 마음이 부패한 자요, 믿음에 관하여는 버리운 자들이라."
로마서 1:17절—" 복음에는 하나님의 의가 나타나서 믿음으로 믿음에 이르게 하나니 기록된 바 오직 의인은 믿음으로 말미암아 살리라!"
로마서 10:9절—" 네가 만일 네 입으로 예수를 주(主)라 시인하며, 또 하나님께서 그를 죽은 자 가운데서 살리신 것을 네 마음에 믿으면 구원을 얻으리니"

로마서 10:10절—" 사람이 마음으로 믿어 의에 이르고 입으로 시인하여 구원에 이르느니라!"

고린도후서 1:7절—" 너희를 위한 우리의 소망이 견고함은 너희가 고난에 참예하는 자가 된 것 같이 위로에도 그러할 줄을 앎이라"

고린도후서 1:9절하-10절상—" 오직 죽은 자를 다시 살리시는 하나님만 의뢰하게 하심이라! 그가 이같이 큰 사망에서 우리를 살리셨고 또 건지시리라. —아멘—"

제3장

심방 실력을 높이려면?

> "심방 잘하는 것도 실력입니다."
> ―人間論 -

실력이란(?) 단 한 번의 방문으로 계약이 성립되는 영업 실력이 있습니다. 단 한 번이 안 되면 수십 번 내지 일 백 번이라도 사람을 감화 감동시키는 지혜와 함께 어우러진 열심을 상대평가의 방법이든지, 절대평가의 방법으로든지 그 성취도를 측정할 수 있습니다.

살리는 심방실력을 높이려면?
 먼저, 그리스도의 몸 되신 교회를 이해하여야 합니다. 즉, 심방자는 교회의 가치와 그 성장을 우주적인 가치관으로 이해하면 긍정적인 지혜가 발흥(發興)됩니다. 교회의 머리는 예수 그리스도이십니다. 따라서 지교회의 심방 대원들이 활력 있는 심방사역으로 우주적인 교회를 성장시킨다고 생각하십시오. 그러면 그들이 실망과 좌절의 사탄 그물을 걷어 내어 불태울 수 있습니다. 그 불은 성령의 역사하심으로 동시에 죄의 상태에 있는 인간을 방문하셔서 그 죄를 사해 주시고(엡 1:7) 구속의 언약을 세우신 성 삼위 하나님의 섭리에 대하여 감사하며 찬양해야 될 것입니다. 이것이 주(主) 예수 그리스도인들의 명예로운 일이며 영광된 현장사역입니다.

에베소서 1:3-6절 - "찬송하리로다! 하나님 곧 우리 주 예수 그리스도의 아버지께서 그리스도 안에서 하늘에 속한 신령한 복(福)으로 우리에게 복 주시되 곧 창세 전에 그리스도 안에서 우리를 택하사 우리로 사랑 안에서 그 앞에 거룩하고 흠이 없게 하시려고 그 기쁘신 뜻대로 우리를 예정하사 예수 그리스도로 말미암아 자기의 아들들이 되게 하셨으니 이는 그의 사랑하시는 자 안에서 우리에게 거저 주시는 바 그의 은혜의 영광을 찬미하게 하려는 것이라!" (엡 1:3-6)

따라서 실력을 높이려면 사도 바울의 신앙고백적인 권면의 말씀을 깨달아 새 언약과 같은 믿음의 법을 성취해야 할 것입니다.

빌립보서 3:7-9절 - "그러나 무엇이든지 내게 유익하던 것을 내가 그리스도를 위하여 다 해(害)로 여길뿐더러 또한 모든 것을 해(害)로 여김은 내 주 그리스도 예수를 아는 지식이 가장 고상(高尙)함을 인함이라 내가 그를 위하여 모든 것을 잃어버리고 배설물로 여김은 그리스도를 얻고 그 안에서 발견되려 함이니 내가 가진 의(義)는 율법에서 난 것이 아니요, 오직 그리스도를 믿음으로 말미암은 것이니 곧 믿음으로 하나님께로서 난 의라!" (빌 3:7-9)

빌립보서 3:13-14절 - "형제들아 나는 아직 내가 잡은 줄로 여기지 아니하고 오직 한 일, 즉 뒤에 있는 것은 잊어버리고 앞에 있는 것을 잡으려고 푯대를 향하여 그리스도 예수 안에서 하나님의 위에서 부르신 부름

의 상(賞)을 위하여 좇아가노라."(빌 3:13-14)

빌립보서 3:18절 -"내가 여러 번…너희에게 말하였거니와 이제와 눈물을 흘리며, 말하노니 여러 사람들이 십자가의 원수로 행하느니라!"(빌 3:18)

 따라서 죄의 원시상태의 인간들을 향하여 심방 잘하는 고상한 실력의 성취도 대열에서 발로…발로…찾아가는 방문사역을 잘 감당하는 일꾼이 되어야 할 것입니다.
방문사역의 큰 그릇과 같은 사도 바울이 계속하여 고백하였습니다.
골로새서 1:25;28-29 절 -"내가 교회 일꾼 된 것은 하나님이 너희를 위하여 내게 주신 경륜을 따라 하나님의 말씀을 이루려 함이니라! 「예수 그리스도, 영광의 소망」 우리가 그를 전파하여 각 사람을 권하고 모든 지혜로 가르침은 각 사람을 그리스도 안에서 완전한 자로 세우려 함이니 이를 위하여 나도 내 속에서 능력으로 역사하시는 이의 역사를 따라 힘을 다하여 수고하노라!"(골 1:25;28-29)

 그러므로 심방 실력을 높이려면? 많은 목표가 있으나 다섯 가지로 요약하였습니다.
1. 심방의 필요성을 느껴야 합니다.
2. 심방자들의 내면적 태도와 가치관이 (매우) 긍정적이어야 합니다.
3. 심방자와 피심방자의 반응력을 높여야 합니다.
4. 하나님과 사람 앞에 건강한 관계(완전한 자로 세우는 일)를 유지시켜야 합니다.
5. 기독교인의 의욕향상법을 운동해야 합니다. 즉, 사랑의 말씀 심방사

역입니다.

 심방의 필요성은 느끼지만 방해되는 역사도 있습니다. 방문사역이 힘들 때가 있을 때 사도 바울은 데살로니가 교회에 편지를 써서 권면을 하였습니다. 피 심방자의 거부가 심할 때는 손 편지를 써서 보내세요.

그의 편지 말씀을 소개합니다.

데살로니가전서 2:3-4절 - "우리의 권면은 간사에서나 부정에서 난 것도 아니요, 궤계에 있는 것도 아니라 오직 하나님의 옳게 여기심을 입어 복음 전할 부탁을 받았으니 우리가 이와 같이 말함은 사람을 기쁘게 하려 함이 아니요, 오직 우리 마음을 감찰하시는 하나님을 기쁘시게 하려 함이라." (살전 2:3-4)

데살로니가전서 2:17-18절 - "형제들아 우리가 잠시 너희를 떠난 것은 얼굴이요 마음은 아니니 너희 얼굴 보기를 열정으로 더욱 힘썼노라 그러므로 나 바울은 한번 두번 너희에게 가고자 하였으나 사단이 우리를 막았도다." (살전 2:17-18)

그리고 현장 심방 자들의 내면적 태도와 가치관이 매우 긍정적이어야 함은 구약성경의 여호수아서 기록된 여리고 성 정탐보고에서 그 교훈을 얻을 수 있습니다.
다음의 글과 비교하며 확인할 수 있습니다.

"이러므로 우리가 참다못하여 우리만 '아덴'에 머물기를 좋게 여겨 우리 형제 곧 그리스도 복음의 (일꾼) 하나님의 일꾼인 디모데를 보내노니 이는 너희를 굳게 하고 너희 믿음에 대하여 위로함으로 누구든지 이 여러 환난 중에 요동치 않게 하려 함이라! …이러므로 나도 참다 못하여 너희 믿음을 알기 위하여 보내었노니, 지금은 디모데가 너희에게로부터 와서 (디모데가 바울 대신 심방을 다녀옴)
너희 믿음과 사랑의 기쁜 소식을 우리에게 전하고(긍정적 보고)
또 너희가 항상 우리를 잘 생각하여 우리가 너희를 간절히 보고자 함과 같이 너희도 우리를 간절히 보고자 한다 하니(심방자와 피 심방자의 높은 반응력이 있었음)

데살로니가전서 3:1-7절 - 이러므로 형제들아 우리가 모든 궁핍과 환난 가운데서 너희 믿음으로 말미암아 너희에게 위로를 받았노라!(이것은 하나님과 사람 앞에서의 건강한 관계를 알 수 있음)"(참고. 살전 3:1-7)

데살로니가전서 3:8;10절 - "그러므로 너희가 주 안에서 굳게 선즉 우리가 이제는 살리라! 주야로 심히 간구함은 너희 얼굴을 보고 너희 믿음의 부족함을 온전케 하려 함이라!"(살전 3:8;10)

이제 결론으로 기독교인의 의욕향상법의 처방전을 소개하고 이 장을 마치려 합니다.

 기독교인의 의욕향상법은 피차간에(심방자와 피심방자간) 모든 사람에 대한 사랑이 전제되어야 합니다(요 3:16). 즉, 원시상태의 인간(죄의 상태, 죄 아래 있는 사람)을 그리스도의 의(義)의 심령과 믿음의 눈으로 보아야 합니다.

요한일서 4:19-21절 - "우리가 사랑함은 그가 먼저 우리를 사랑하셨음이라! 누구든지 '하나님을 사랑하노라' 하고 그 형제를 미워하면 이는 거짓말 하는 자니 보는바 그 형제를 사랑치 아니하는 자가 보지 못하는바 하나님을 사랑할 수가 없느니라! 우리가 이 계명을 주께 받았나니 하나님을 사랑하는 자는 또한 그 형제를 사랑할지니라!"(요일 4:19-21)

그뿐 아니라
데살로니가전서 5:14-15절 - "또 형제들아 너희를 권면하노니 규모 없는 자들을 권계하며, 마음이 약한 자들을 안위(安慰)하고 힘이 없는 자들을 붙들어 주며 모든 사람을 대하여 오래 참으라! 오직 피차 대하든지 모든 사람을 대하든지 항상 선(善)을 좇으라."(살전 5:14-15)

따라서 기독교인의 의욕향상을 위한 운동법은 5(다섯)원칙입니다.
데살로니가전서 5:16-22절에 근거하여 정하였습니다.
첫째, 항상 기뻐하라!
둘째, 쉬지 말고 기도하라!
셋째, 범사에 감사하라! 이는 그리스도 예수 안에서 너희를(사람들을) 향하신 하나님의 뜻이니라!
넷째, (등불 든 비유를 생각하며…) 성령을 소멸(消滅)치 말며, 예언을 멸시치 말고,
다섯째, 범사에 헤아려 좋은 것을 취하고 악은 모든 모양이라도 버리라!(살전 5:16-22)

아무리 좋은 실력자라고 해도 운동하지 않으면 건강을 잃게 되어 온전해질 수 없는 법입니다.
그러므로 평강의 하나님이 친히 너희로 온전히 거룩하게 하시고 또 너희 온 영(靈)과 혼과 몸이 우리 주 예수 그리스도 강림하실 때에 흠 없게 보전(保全)되기를 원합니다(살전 5:23).

" 평강의 주께서 친히 때마다, 일마다 너희에게 평강을 주시기를 원하노라 주는 너희 모든 사람과 함께 하실 지어다."(살후 3:16)

제2부

이것은 '심방의 실제훈련' 입니다.
실제훈련은 '영적 전투와 안식' 입니다.

제4장
기독교(교회)는 심방을 어떻게 준비합니까?

「주 예수 그리스도, 영광의 소망」을 위하여 심방은 반드시 준비 하여야 옳습니다. 누구나 즉흥적인 순발력을 가지고 있습니다. 그러나 항상 심방을 준비하고 그 어떠한 영적, 육적 상황에서도 「주 예수 그리스도, 영광의 소망」을 위한 일이다. 라는 가치관을 정립할 필요가 있습니다. <목회심방의 이론과 실제(대한기독교서회 발행)>를 쓰신 박원근 목사님은 제1장에서 심방이 종합적인 목회행위라고 전제하신 후에 목회심방의 성공적 수행을 위해서는 (전투적 단어인) 전략적이고 실질적인 몇 가지 지침의 필요성을 열거하셨습니다.

(1) 목회심방은 목회자의 의도와 편의에 따라 실시되어서는 안 되며, 신도들의 필요와 요청에 따라 시행되어야 한다.
(2) 어느 누구를 찾아보고 싶은 강렬한 충동을 느낄 때, 거기에 찾아간 것이 옳았다는 사실을 발견하게 될 것이다.
(3) 교역자들은 심방한 가정에 대해서 주도면밀하고 철저하게 비밀을 보장해야 한다.

(4) 심방할 때의 어조는 애정이 담긴, 염려가 깃든, 돌봄의 어조가 좋다.
(5) 심방교역자들이 심방을 받는 대상과 의사소통이 불가능하게 되었을 때 함께 있어 주는 태도만으로도 큰 위로가 된다.(중환자, 임종시에, 독거노인)
(7) 심방여건, 환경의 변화와 그 장애물을 극복해야 한다.
(8) 교역자는 심방예배와 대화를 통하여 종교성을 명쾌하게 드러내야 한다.
(9) 목회심방은 가능한 한 상대방이 당하고 있는 문제들과 부딪혔을 때 구체적이고, 현실적인 기도와 감사기도와 중보기도로 끝맺는 것이 좋다.

참으로 좋은 지침이 될 것이라 생각되어 옮겨 보았습니다.
여기에 필자는 두 가지 지침과 세 가지의 이해사항을 기록하였습니다. 심방의 두 가지 지침은 교역자에게만 해당하는 것도 아닙니다. 또한 목회자를 비롯하여 심방의 달란트를 받은 모든 이들을 위한 지침입니다.

● 현장심방의 두 가지 지침

첫째는, 현장심방은 영적 전투장입니다.
 피 심방 자들이 겪는 형편은 사단의 방문과 운동결여로 인한 질병과 싸우는 인생의 전쟁 중입니다. 따라서 심방자의 방문이 하나님의 말씀을 들고 가는 치료의 광선 역할 수행으로써 의로운 해가 되신 그리스도 예수의 은혜를 피 심방자로 하여금 체험하도록 도와야 합니다.

 사단이 방문했을 때는 (창 3장) 아담과 하와가 원죄를 짓게 되었고 저주 아래 놓이게 됐으며, 가인의 마음을 방문하였을 때 형제를 살인하는 미움이 시작되었습니다(창 4장). 그가 사울 왕을 방문하였을 때는 자기를 위해 충성했던 다윗 왕을 죽이려 했습니다. 욥과 같은 동방의 의인을 방문했을 때에는 아내의 핍박이 시작되었고, 그의 자녀들과 재산, 육축, 건강마저 잃어버리게 만들고 악창의 고난과 병마와 싸우는 현실을 믿음으로 극복해야 되는 현장이었습니다.

둘째는, 심방은 안식을 얻는 은총과 같습니다.
하나님의 사자들 또는 천사들이 그의 사랑하시는 백성들을 방문하였을 때는, 아브라함과 이삭, 야곱, 요셉을 방문하였을 때는 믿음으로 말미암아 미래에 대한 안식을 얻었습니다.
특히 하늘 사다리를 보았던 야곱에게는 '벧엘'이라는 vision과 밤새워 기도하며 새로운 이름-이스라엘-의 국가적인 이름의 명예 있는 축복이 있었습니다. 또한 모세를 방문하였을 때는 지도자의 대권을 주셨고, 이스라엘의 백성들을 직접 얻게 하였습니다. 그리고 가나안 땅을 향한 하나님의 심방행정을 동행하도록 기적과 이적을 그들에게 베풀어 주셨습니다(참조, 룻 3:1).

신약 부분에 와서는 천사의 방문으로 시작되었는데
메시야「예수 그리스도, 구원의 소망」의 탄생소식과 아울러 동방박사들의 심방여정을 실행하는 그림을 성탄절마다 그리게 하였습니다. 천사 심방으로 인하여 자식 없던 사가랴에게는 늙은 엘리사벳의 잉태소식을 듣게 하였으며, 성령으로 잉태된 예수님의 이 땅 방문은 하나님의 나라의 비전과 왕국건설현장의 미션을 주셨으며 우리에게 믿음의 서신, 복음서신 등을 남겨 주셨습니다. 따라서 그 결과는 오늘의 우리에게도 실제로 역사되어 훈련과 전투를 병행시키십니다.

● 세 가지의 이해사항

① 심방자와 피심방자 사이에 놓여있는 환경을 이해해야 됩니다.
② 기초가 없는 심방행위보다는 도우미로, 심방대원으로 동행하는 훈련을 삶의 일부분으로 이해하십시오.
③ 개인의 내적인 심리상태 「예수 그리스도, 구원의 영생소망」 '평화와 안식'을 목표하여야 합니다. 흥분, 감정조절이 안 된 상태에서는 절대로 미래에 대한 소망과 꿈에 대하여 이야기할 수 없습니다.

 그러한 관점으로 이해됐다면 심방의 대원이 되거나, 직접적 심방 스케줄을 세우거나, 동행하셔도 무리가 없을 것입니다. 그러므로 '나를 먼저 그리스도 예수 안에 있는 평안의 가치관과 안식의 상태'로 안정케 하는 축복을 받게 해야 합니다.

심방의 분류와 그 예는 다음과 같습니다.
(자세한 것은 1004심방설교 대사전 상하 목차를 참고하십시오.)

일반심방 - (목,금요일)심방
계절심방 1) 봄철, 가을철 대심방
주간심방 2) 교회(예배) 결석자를 향한 유고심방
         3) 속회 및 구역심방
기관심방 4) 기관 목표 달성과 화목심방
새 신자심방 5) 신입교우, 신입회원, 양육심방

가정행사심방- 예정된 심방
6) 가족들의 애경사 및 친인척들의 행사심방

교회행사 심방
7) 교회 절기예식, 각종 대회, 임직, 행사 심방
특별심방,개인전도심방
8) 복음 전파
기업심방
9) 개업, 창업, 월초·말 기관예배
환난심방
10) 환자, 실패, 재난
교회 상회기관
11) (전국)노회, 지방회, 주교연합회, 아동부연합회, 청소년(S.C.E) 연합회, S.F.C., 남여전도회연합회, 장로회, 평신도회 등
노회, 연회
12) 시찰회, 지방회, 노회, 임원회, 상비부
연합심방총회
13) 증경총회장단, 실행 및 전권위원회, 각종상비부, 임원회, 재단위원회, 여러 기관 등
각종선교회
14) 해외선교회, 국내선교위원회, 복지선교, 교육선교, 언론(신문) 방송위원회
각종학교
15) 이사회, 재단이사회, 실행이사회, 교수회, 학생회 등
기타 특별행사(임시) 사회사역심방
— 정치, 경제, 사회, 문화, 예술, 국방, 정보, 건설, 무역, 복지, 행정자치부, 리, 읍, 면, 동사무소

제5장 ·

심방자의 실천신학을 위한 준비사항 Check Point

「주 예수 그리스도, 영광의 소망」은 심방

" 너희를 영접(迎接)하는 자는 나를 영접(迎接)하는 것이요, 나를 영접(迎接)하는 자는 나 보내신 이를 영접(迎接)하는 것이니라. 선지자의 이름으로 선지자를 영접(迎接)하는 자는 선지자의 상(賞)을 받을 것이요, 의인의 이름으로 의인을 영접(迎接)하는 자는 의인(義人)의 상을 받을 것이요, 또 누구든지 제자의 이름으로 이 소자 중 하나에게 냉수 한 그릇이라도 주는 자는 내가 진실(眞實)로 너희에게 이르노니 그 사람이 **결단코 상(賞)을 잃지 아니하리라!** " (마 10:40-42)

1. 심방섭외사항

1) 대 심방 확인   2) 상황 확인   3) 시간 및 장소 확인
4) 심방팀 구성   5) 심방사후(행정) 정리

 심방섭외사항은 근거 성경구절을 디모데후서 4:9절 이후에서 찾아보았습니다.

디모데 후서 4:9-16절에 " 너는 어서 속히 내게로 오라!
" Do your best to come to me quickly. "

데마는 이 세상을 사랑하여 나를 버리고 데살로니가로 갔고
그레스게는 갈라디아로, 디도는 달마디아로 갔고
'누가' 만 나와 함께 있느니라,
네가 올 때에 마가를 데리고 오라. 저가 나의 일에 유익하니.
두기고는 에베소로 보내었노라
네가 올 때에 내가 드로아 가보의 집에 둔 겉옷을 가지고 오고 또 책은
특별히 가죽 종이에 쓴 것을 가져오라
구리 장색 알렉산더가 내게 해(害를) 많이 보였으매
주께서 그 행한 대로 저에게 갚으시리니 너도 저를 주의하라! 저가 우리말을 심히 대적하였느니라
내가 처음 변명할 때에 나와 함께한 자가 하나도 없고
다 나를 버렸으나 저희에게 허물을 돌리지 않기를 원하노라!"
(딤후 4:9-16)

2. 심방 팀의 준비사항

    1) 심방리더의 준비사항
    ① 기도 ② 찬송 ③ 말씀(설교)
    ④ 긍정적마인드 ⑤ 의상 및 외모
    2) 심방대원 및 보조(도우미)의 준비사항
    ① 마인드 훈련 ② 기도훈련 ③ 교통편(위치 및 약도)

④ 사전예고
⑤ 보조물(교패 및 심방기록카드)
⑥ 의상 및 외모
⑦ 주의사항

심방 팀의 준비사항은 심방리더가 준비할 사항과 심방대원 및 보조(도우미)의 준비사항으로 나누어집니다.
말씀 근거는 디모데후서 1:13-14절입니다.

" 너는 그리스도 예수 안에 있는 믿음과 사랑으로써 내게 들은바 바른 말을 본받아 지키고, 우리 안에 거하시는 성령으로 말미암아 네게 부탁한 아름다운 것을 지키라!"

심방보조(도우미)를 위한 말씀은 이것인데 마인드(마음) 및 언어훈련의 지침과 같습니다.

" 망령되고 헛된 말을 버리라! 저희는 경건치 아니함에 점점 나아가나니 저희 말은 독한 창질의 썩어져감과 같은데,
그 중에 '후메내오'와 '빌레도'가 있느니라! 진리에 관하여는 저희가 그릇 되었도다 "부활이 이미 지나갔다" 함으로 어떤 사람들의 믿음을 무너뜨리느니라!"(딤후 2:16-18)

3. 심방을 받는 분들의 준비사항

1) 마인드(심적태도)① 기도준비실행 ② 자기관리
2) 체력적 활동   ③ 환경정비   ④ 가족들의 협조부탁
3) 재정적 활동   ⑤ 헌금(제물) 준비⑥ 음식과 다과준비
4) 자기관리사항   ⑦ 의상 및 외모   ⑧ 내 모습 이대로(?)

심방을 받는 분들의 준비사항의 핵심은 마인드(심적 태도)입니다. 그것은 기도와 자기신앙을 관리하는 측면으로 준비하여야 됩니다.

" 너희 중에 고난당하는 자가 있느냐?
저는 기도할 것이요 즐거워하는 자가 있느냐?
저는 찬송할지니라!
너희 중에 병든 자가 있느냐?
저는 교회의 장로들을 청할 것이요 그들은 주의 이름으로 기름을 바르며 위하여 기도할지니라. 믿음의 기도는 병든 자를 구원하리니 주께서 저를 일으키시리라 혹시 죄를 범하였을지라도 (용서)사하심을 얻으리라 이러므로 너희 죄를 서로 고하며
병 낫기를 위하여 서로 기도하라
의인의 간구는 역사하는 힘이 많으니라."(약 5:13-16) 아멘.

4. 심방을 위한 당회(제직 및 교구) 부서별 협조사항

1) 담임목회자일 경우에는 / 행사기간(일정)조정, 재정자원보조
2) 부교역자일 경우에는 / 교통을 위한 재정, 위로금, 인원 동원

심방을 위한 당회(제직 및 교구) 부서별 협조사항은 지혜롭게 해야 합니다. 특히 당회가 구성된 교회에서는 심방의 목적에 대하여 의로운 가치관을 확립하고 공평한 은혜를 나누는데 적극적으로 도와야 할 것입니다.

" 너희 중에 누구든지 지혜가 부족하거든 모든 사람에게 후히 주시고 꾸짖지 아니하시는 하나님께 구하라 그리하면 주시리라."(약 1:5)

" 하나님 아버지 앞에서 정결하고 더러움이 없는 경건은 곧 고아와 과부를 그 환난 중에 돌아보고 또 자기를 지켜 세속에 물들지 아니하는 이것이니라. "(약 1:27)
" 사랑하는 자여! 네가 무엇이든지 형제, 곧 나그네 된 자들에게 행하는 것이 신실(信實)한 일이니…"(요삼 1:5)

5. 심방(예배) 순서 및 주의사항

       1) 인사 및 자리정돈 주의사항
       2) 묵상기도 및 주의사항
       3) 찬송 및 주의사항
       4) 사도신경 및 대표기도 주의사항
       5) 본문말씀 선정과 설교 주의사항
       6) 헌금기도 및 설교 후 기도 주의사항
       7) 찬송 및 심방 대상자를 위한 합심(통성)기도 주의사항
       8) (주기도문) 축도 주의사항

9) 다과 및 덕담, 위로, 격려사 주의사항
10) 식사예절 및 주의사항
11) 심방 사후 주의사항

사무엘 선지자가 이새의 집을 현장 심방하였습니다. 그의 심방의 의미는 국가적으로나 가정적으로도 매우 중요한 심방제사였습니다. 하나님의 명령을 받은 심방선지자는 제사장적 입장이기도 하지만 예언적 기능과 하나님의 말씀 전달과정 기능도 포함되었습니다(삼상 16:1-13). 따라서 항목마다 성경구절 교육이 필요할 것을 목적하고 열거하였습니다.

1) 인사 및 정리정돈사항—
"사무엘이 여호와의 말씀대로 행하여 베들레헴에 이르매 성읍 장로들이 떨며 그를 영접하여 가로되 「평강을 위하여 오시나이까?」 가로되 「평강을 위함이니라. 내가 여호와께 제사하러 왔으니 스스로 성결케 하고 와서 나와 함께 제사하자」 하고 '이새'와 그 아들들을 성결케 하고 제사에 청하니라!"(삼상 16:4-5)

2) 묵상기도 및 주의사항—
" 여호와께서 사무엘에게 이르시되 내가 이미 사울을 버려 이스라엘 왕이 되지 못하게 하였거늘 네가 그를 위하여 언제까지 슬퍼하겠느냐? 너는 기름을 뿔에 채워가지고 가라 내가 너를 베들레헴 사람 '이새'에게로 보내리니 이는 내가 그 아들 중에서 한 왕을 예선하였음이니라!"(삼상 16:1)

3), 4) 찬송, 사도신경 및 대표기도 주의사항—
" 여호와께 감사하며 그 이름을 불러 아뢰며 그 행사를 만민(萬民) 중에 알게 할지어다 그에게 노래하며 그를 찬양하며 그의 모든 기사를 말할지어다 그 성호를 자랑하라 무릇 여호와를 구하는 자는 마음이 즐거울지로다 '여호와'와 그 능력을 구할지어다. 그 얼굴을 항상 구할지어다."(시 105:1-4)

5) 본문말씀 선정과 설교 주의사항—
" 사무엘이 가로되 내가 어찌 갈 수 있으리이까? 사울이 들으면 나를 죽이리이다 여호와께서 가라사대 너는 암송아지를 끌고 가서 말하기를 내가 여호와께 제사를 드리러 왔다 하고 이새를 제사에 청하라 내가 너의 행할 일을 가르치리니 내가 네게 알게 하는 자에게 나를 위하여 기름을 부을지니라."(삼상 16:2-3)

6), 7) 헌금기도 및 설교 후 기도 주의사항—
" 여호와께서 사무엘에게 이르시되 그 용모와 신장을 보지 말라 내가 이미 그를 버렸노라 나의 보는 것은 사람과 같지 아니하니 사람은 외모를 보거니와 나 여호와는 중심(中心)을 보느니라!"(삼상 16:7)

8) (주기도문) 축도 주의사항—
" 이에 보내어 그를 데려오매 그의 빛이 붉고 눈이 빼어나고 얼굴이 아름답더라. 여호와께서 가라사대 '이가 그니 일어나 기름을 부으라!' 사무엘이 기름 뿔을 취하여 그 형제 중에서 그에게 부었더니 이 날 이후로 다윗이 여호와의 신(神)에게 크게 감동되니라."(삼상 16:12-13)

9) 다과 및 덕담, 위로, 격려사 주의사항―
" 그들이 오매 '사무엘'이 '엘리압'을 보고 마음에 이르기를 여호와의 기름 부으실 자가 과연 그 앞에 있도다 하였더니 '이새'가 '아비나답'을 불러 사무엘의 앞을 지나게 하매 사무엘이 가로되 이도 여호와께서 택하지 아니하셨느니라!"(삼상 16:6,8)

10) 식사예절 및 주의사항―
" 여호와 하나님이 그 사람에게 명하여 가라사대 동산 각종 나무의 실과는 네가 임의로 먹되 선악을 알게 하는 나무의 실과는 먹지 말라 네가 먹는 날에는 정녕 죽으리라!"(창 2:16-17)

" 무릇 산 동물은 너희의 식물이 될지라. 채소 같이 내가 이것을 다 너희에게 주노라! 그러나 고기를 그 생명 되는 피(血)채 먹지 말 것이니라!"(창 9:3-4)

" 나의 즐기는 별미를 만들어 내게로 가져다가 먹게 하여 나로 죽기 전에 내 마음껏 네게 축복하게 하라."(창 27:4)

" 그 밤에 그 고기를 불에 구워 무교병과 쓴 나물과 아울러 먹되 날로나 물에 삶아서나 먹지 말고 그 머리와 정강이와 내장을 다 불에 구워 먹고 아침까지 남겨 두지 말며 아침까지 남은 것은 곧 소화하라!"(출 12:8-10)

" 사람이 하나님이 주신 바 그 일평생에 먹고 마시며 해 아래서 수고하는 모든 수고 중에서 낙을 누리는 것이 선하고 아름다움을 내가 보았

나니 이것이 그의 분복이로다."(전 5:18)

" 청하오니 당신의 종들을 열흘 동안 시험하여 채식을 주어 먹게 하고 물을 주어 마시게 한 후에 당신 앞에서 우리의 얼굴과 왕의 진미를 먹는 소년들의 얼굴을 비교하여 보아서 보이는 대로 종들에게 처분하소서! …열흘 후에 그들의 얼굴이 더욱 아름답고 살이 더욱 윤택하여 왕의 진미를 먹는 모든 소년보다 나아 보인지라! 이러므로…채식을 주니라!"(단 1:12-16)

" 저녁 먹는 중 예수는 아버지께서 모든 것을 자기 손에 맡기신 것과 또 자기가 하나님께로부터 오셨다가 하나님께로 돌아가실 것을 아시고."(요 13:3)

심방하는 사역자가 피 심방 자에게 식사를 대접하는 경우

부활하신 그리스도 예수께서 직접 식사를 준비한 성경 내용도 있습니다. 따라서 심방하는 사역자가 피 심방자에게 식사를 대접하는 경우도 있습니다. 요한복음 21:9절과 12절에 " 육지에 올라보니 숯불이 있는데 그 위에 생선이 놓였고 떡도 있더라. 예수께서 가라사대 '와서 조반(朝飯)을 먹으라' 하시니
제자들이 주신 줄 아는 고로 ' 당신이 누구냐?' 감히 묻는 자가 없더라."(요 21:9,12)

1004 현장심방 이론과 그 실제상황

제3부
심방설교사역을 통하면
성도를 살리는 교회성장의 가능성과
그 중요성이 보입니다.

다음은 비교하면서 그 결과를 기대하십시오.

1. 심방설교의 사명감 고취 VS 신청자의 수용 마인드
2. 심방예배의 신령한 사역 VS 회중 및 피 심방자의 인식 및 가치관
3. 선포된 설교의 성격 VS 피 심방자와 간접적용의 상황인식
4. 심방설교의 구조이해 VS 피 심방자의 년령, 환경구조 이해
5. 심방설교의 내용 및 그 특색 VS 피 심방자의 신앙년조 및 믿음생활 내용
6. 심방설교의 문체 및 억양 VS 피 심방자의 신체적 건강상태를 고려
7. 심방설교의 예언적 가능성 VS 피 심방자의 영적상태, 지적, 심적, 체질적 수용능력
8. 심방설교의 시간관리 및 효율적 운영 VS 계절, 시간, 건강
9. 심방설교자의 자기관리 VS 묵상, 기록정리, 당회 협조, 언행(정보) 단속, 중보기도요청
10. 심방설교 사역후의 교회성장의 가능성

제6장
심방설교사역

" 환영합니다!"
심방설교사역을 통한 성도를 살리는 교회성장의 가능성과 그 중요성이 보이시는 분들은 방향을 설정한 것과 같습니다.
지금까지 심방달란트(이하 은사)를 확인하는 작업을 연습하셨으니 이제는 심방설교의 목적지를 향하여 당신이 가진 특별한 생각들과 하나님이 주신 특별한 달란트, 재능을 교류하면서 저의 작은 생각들에 대하여 반응을 보이십시오.

1. 심방설교의 사명감 고취 vs 신청자의 수용 마인드

현장심방설교 사역자는 일컬어 '목회자'라고 전제합니다. 그들은 합법적으로 선배와 선친들이 가꾸어온 선지동산(이하 신학교 및 신학대학원)을 졸업한 후 강도사 및 준목 과정을 거치어 설교하며, 교인들을 치리할 수 있는 권한을 총회로부터 시작하여 각 노회, 연회에서 인허

받은 목사들입니다. 또는 인턴고정을 생략한 교단, 오히려 개척 수련 3년 후목회자가 되는 경우도 있습니다. 따라서 그들 또는 우리 목사들은 심방설교의 중요성을 인식하고 있습니다.

그렇다면 그 인식은 어떻게 정리되어 있겠습니까?

 찰스 E. 제퍼슨 목사는 뉴욕의 영향력 있는 브로드웨이 타버너클 교회에서 40여년 동안 현장 목회에 헌신하였던 목회자입니다. 그는 목사의 사역을 일곱 가지로 그의 저서에서 정리하였습니다.
1. 목사(이하 목회자)는 목자이며 양들을 지키는 파수꾼이다.
2. 목사(이하 목회자)는 양들을 보호해야 할 의무가 있는 보호자이다.
3. 목사(이하 목회자)는 목사로서 양들의 삶을 지혜롭게 인도하는 가이드(Guide)이다.
4. 목사(이하 목회자)는 양들의 아픔과 고통을 함께 신음하며 치료하는 의사이다.
5. 목사(이하 목회자)는 길 잃은 양들을 구령해야 하는 구원자이다.
6. 목사(이하 목회자)는 핵심적인 사역으로서 양들의 음식을 공급하고 생수(生水)와 같은 설교를 전달하고 생산하는 생산자이다.
7. 목사(이하 목회자)는 자기 양떼의 이름을 부르며, 사랑의 기도와 본을 보이는 사랑의 실천자이다.

 이러한 자각(自覺)은 심방 설교자의 자기관리에 필수 암기내용이 될 수도 있습니다. 설교자의 자기인식은 곧 어떠한 목적을 달성하는 정신적 무장이 됩니다. 자기인식과 목적이 없는 심방은 '요나'를 통하여 교훈 받게 됩니다.

'요나'는 니느웨로 하나님의 심판 메시지심방을 가야 될 시기에 사명감의 부족으로 하나님께서 명령하신 사명을 회피한 인물로 인식되었습니다.

요나서 1:1-2절-"여호와의 말씀이 아밋대의 아들 요나에게 임하니라 이르시되 너는 일어나 저 큰 성읍 니느웨로 가서 그것을 쳐서 외치라 그 악독이 내 앞에 상달하였음이니라! 하시니라 그러나 요나가 여호와의 낯을 피하려고 일어나 다시스로 도망하려 하여 욥바로 내려갔더니 마침 다시스로 가는 배를 만난지라 여호와의 낯을 피하여 함께 다시스로 가려고 선가(船價)를 주고, 배에 올랐더라!"(욘 1:1-2)

'요나'는 외치고 전달해야 할 사명에 대하여 회피한 셈이 됩니다. 따라서 심방설교자의 사명감 결여는 심방 신청자의 수용 마인드를 목적 없이 표류하는 배처럼 만들게 됩니다. 즉, 심방 설교자의 사명에 불타는 설교는 피 심방자의 마음에 이미 그 신령과 진정한 느낌을 확신하는 태도를 형성시켜 줍니다.

요나서 3:1-5절-" 여호와의 말씀이 두 번째 '요나'에게 임하니라 이르시되 일어나 저 큰 성읍 니느웨로 가서 내가 네게 명한 바를 그들에게 선포하라! 하신지라 '요나'가 여호와의 말씀대로 일어나서 니느웨로 가니라 니느웨는 극히 큰 성읍이므로 3일길이라 요나가 그 성에 들어가며 곧, 하룻길을 행하며 외쳐 가로되 40일이 지나면 니느웨가 무너지리라 하였더니 니느웨 백성이 하나님을 믿고, 금식을 선포하고 무론대소하고 굵은 베를 입은지라!"(욘 3:1-5)

그리고 사도 바울은 뒤늦게나마 그리스도 예수의 종 된 사도입니다.

그의 사명감 있는 심방설교사역은 오늘의 심방 설교자들에게 커다란 은혜를 줍니다.

사도행전 20:23절부터 31절 말씀입니다.
"오직 성령이 각 성(城)에서 내게 증거하여 '결박과 환난이 나를 기다린다.' 하시나 나의 달려갈 길과 주 예수께 받은 사명 곧 하나님의 은혜의 복음 증거 하는 일을 마치려 함에는 나의 생명을 조금도 귀한 것으로 여기지 아니하노라! 보라 내가 너희 중에 왕래(심방)하며 하나님 나라를 전파하였으나 지금은 너희가 다 내 얼굴을 다시 보지 못할 줄 아노라 그러므로 오늘 너희에게 증거 하노니 모든 사람의 피에 대하여 내가 깨끗하니 이는 내가 꺼리지 않고 하나님의 뜻을 다 너희에게 전하였음이라 너희는 자기를 위하여 또는 온 양떼를 위하여 삼가라 성령이 저들 가운데 너희로 감독자를 삼고 하나님이 자기 피로 사신 교회를 치게 하셨느니라. 내가 떠난 후에 흉악한 '이리'가 너희에게 들어와서 그 양떼를 아끼지 아니하며 또한 너희 중에서도 제자들을 끌어 자기를 좇게 하려고 어그러진 말을 하는 사람들이 일어날 줄 내가 아노니 그러므로 너희가 일깨어 내가 삼년이나 밤낮 쉬지 않고 눈물로 각 사람을 훈계하던 것을 기억하라!"

2. 심방예배의 신령한 사역 VS 회중 및 피 심방자의 인식 및 가치관

현장심방예배의 신령한 사역을 어떻게 이해하시고 그 진행을 하셨습니까? 필자는 베드로의 활동 사역에서 심방예배의 신령함을 깨달았습니다.

사도행전 9:32-35절 - " 때에 베드로가 사방으로 두루 행하다가 룻다에 사는 성도들에게도 내려갔더니 거기서 '애니아'라 하는 사람을 만나매 그가 중풍병으로 상 위에 누운 지 팔년이라. 베드로가 가로되 '애니아야! 예수 그리스도께서 너를 낫게 하시니 일어나 네 자리를 정돈하라' 한대 곧 일어나니 룻다와 사론에 사는 사람들이 다 그를 보고 주께로 돌아가니라."(행 9:32-35)

 이와 같은 말씀 속에는 심방예배의 핵심이 예수의 말씀과 그 치유 소식 전달기능이 사도 베드로의 활동이었으나 사실은 그리스도 예수의 말씀을 전달하는 신령한 선포가 심방예배의 설교와 그 핵심이었습니다. 그러므로, 심방예배에는 예수 그리스도의 말씀을 전달하는 전달기능이 중요하다 는 것을 깨닫습니다.

따라서 심방예배의 신령한 사역은 가벼운 느낌보다 무게가 있음을 깨닫습니다. 한 걸음 더 나아가서 베드로 사도가 '고넬료'를 심방하였던 사실을 살펴보면 심방의 신령함이 있었습니다. 즉, 성령의 사역에 의한 감화작정이 있었음을 보게 됩니다.

'고넬료'라 이름으로 불리는 이달리야대 군대의 백부장은 이렇게 정리됩니다. 그는 자조(自助)심방 요청을 하였습니다.

그의 인격적(人格的)인 성품을 논하면,

먼저 그는 하나님 앞에서 경건한 이방인이었습니다. 그러나 그는 그리스도 예수님을 영접하여 하나님과 연합한 그리스도인이었습니다.

그리고 그의 가족과 온 집은 하나님을 경외하는 모범된 집이었습니다.

그는 백성을 많이 구제하는 의로운 사람이었습니다.

그는 하나님께 항상 기도하였는데 일정한 시간에 기도하는 기도 자였습니다.

그뿐만 아니라 기도 중에 환상을 보았고 그 환상 속에서 하나님의 사자와 만난 신령한 체험자였습니다.
그의 기도는 하나님께 상달되었다는 주의 사자의 소식을 듣게 되었으니 복이 있는 그리스도의 사람이었습니다. 우리는 그를 성령 하나님께 축복받은 이방인으로 부릅니다.
그는 주의 사자의 명령대로 '시몬 베드로'를 초청하여 심방을 받았던 심방 요청 자였습니다.
그의 심방 요청 속에는 하나님의 개입과 성령님의 인도가 분명합니다. 따라서 심방사역은 단순히 사람이 사람을 향하여 방문하는 방문이 아니라 하나님의 종들을 불러 하나님의 말씀을 듣는 신령한 예배 명령으로 이해합니다. 그러므로 심방예배 집례자와 피심방자의 태도가 매우 중요함을 깨닫습니다.

'고넬료'는 시몬 베드로 사도를 만난 후 이런 고백을 하였습니다.
" 내가 곧 당신에게 사람을 보내었더니 오셨으니 잘하였나이다. 이제 우리는 주께서 당신에게 명하신 모든 것을 듣고자 하여 다 하나님 앞에 있나이다."(행 10:33)
그러므로 사도 베드로는 심방예배를 통하여 그의 입을 열어 하나님의 오묘하심과 편견 없으신 성품과 그리스도 예수의 화평의 복음을 설교하였습니다(행 10:36).
말씀을 듣는 이때에 성령께서 이 말씀을 듣는 그들에게 내려오셨습니다.
 이러한 결과를 볼 때에 심방예배의 신령한 사역을 심방 사역자들이 수행할 때 행복함을 고백하며 찬양할 수밖에 없습니다.

3. 선포된 설교의 성격 VS 피 심방자와 간접 적용의 상황인식

심방설교 사역을 할 때에 선포되는 설교의 성격은 피심방자와 심방자 간의 직접적인 상황인식보다 간접 적용인식으로 나누어집니다.
다시 표현하면, 피심방자가 당한 형편과 상황인식을 아무리 신령한 마음의 소유자라고 하여도 심방 설교자는 보다 구체적이지 못하고, 그 깊이를 알 수 없게 마련입니다.

이와 같은 견해는 사도 베드로께서 깨닫고 고백하는 말씀 속에서 발견되어집니다.
"그가 너와 네 온 집의 구원 얻을 말씀을 네게 이르리라!"(행 11:14)
"내가 말을 시작할 때에 성령이 저희에게 임하시기를 처음 우리에게 하신 것과 같이 하는지라!"(행 11:15)
"그런즉 하나님이 우리가 주 예수 그리스도를 믿을 때에 주신 것과 같은 선물을 저희에게도 주셨으니 내가 누구관대 하나님을 능히 막겠느냐?"(행 11:17)
"저희가 이 말을 듣고, 잠잠하여 하나님께 영광을 돌려 가로되 그러면 하나님께서 이방인에게도 생명 얻는 회개를 주셨도다 하니라!"(행 11:18)

정리하면,
14절에 선포되는 설교의 성격은 구원 얻을 말씀이 됩니다.
15절에 선포되는 설교의 성격은 성령의 말씀이 됩니다.
17절에 선포되는 설교의 성격은 하나님께서 인생들에게 행하시는 능력의 말씀이 됩니다.

18절에 선포되는 설교의 성격은 생명 얻는 회개의 성격이 강조되는 말씀입니다.

 그러므로 심방설교 사역자는 피심방자의 상황을 간접 적용하여 설교로 선포되지만 그 결과는 그 집안이 구원 얻을 성령의 말씀이 되며, 하나님께서 행하시는 말씀이므로 그것을 막을 자는 아무도 없습니다.
따라서 그 가정과 집이 회개와 함께 수반되는 은혜를 보고 주님께 더욱 붙어있는 태도를 갖추게 마련입니다.

4. 심방설교의 구조이해 VS 피심방의 연령 환경구조 이해

 심방설교의 구조는 피심방자의 연령과 환경구조를 이해하며 그 설교구조를 정하여야 유익한 심방이 됩니다.
 아래의 견해는 필자가 설교 구조를 분류할 때 피상적이기보다는 어떠한 메시지의 초점에 맞춘 견해입니다. 따라서 독자의 견해와 다를 수도 있음을 전제합니다.

1) 축하와 격려의 구조를 이해하려면
설교 준비 때에 함께 하시는 성령님의 작정을 철저하게 신뢰하셔야 유익합니다.
예를 들면, 한 사람을 출생시키신 하나님의 섭리와 그 의도에 설교의 초점을 맞추는 것입니다. 그리고 그리스도 예수님과 관계가 깊은 영육 간의 '섭리'와 관련 깊은 메시지 구조로 전달해야 좋습니다.
만일, 직접적인 구조를 의식하고 곧 바로 '축하 합니다'의 논리로 나

가면 하나님의 뜻을 헤아리지도 못한 채 피상적인 상황에 젖어 설교의 구조는 세워지기가 곤란합니다.

2) 장례와 애도심방 및 추도예배의 설교구조를 이해하려면
이미 한 사람을 하늘나라로 소천 시키신 '하나님의 작정'을 십자가의 죽음과 관련지어 보면 유익합니다. 그리고 가족들을 위로하되 하나님의 의도보다 앞서는 판단을 보류하시고, 설교 후에 나누는 위로언어를 사용하면 좋겠습니다.
이때에 심방자나 피 심방자가 어색하더라도 아래의 성경구절을 인용하면 보다 성경적인 위로언어가 될 것입니다.

● 시련
" 그 노염은 잠간이요 그 은총(恩寵)은 평생이로다. 저녁에는 울음이 기숙할지라도 아침에는 기쁨이 오리로다."(시 30:5)

" 오라 우리가 여호와께로 돌아가자 여호와께서 우리를 찢으셨으나 도로 낫게 하실 것이요 우리를 치셨으나 싸매어 주실 것임이라 여호와께서 이틀 후에 우리를 살리시며 제 삼일에 우리를 일으키시리니 우리가 그 앞에 살리라"(호 6:1,2)

● 슬픔
" 내가 사망의 음침한 골짜기로 다닐지라도 해를 두려워하지 않을 것은 주께서 나와 함께 하심이라 주의 지팡이와 막대기가 나를 안위하시나이다."(시 23:4)
" 대저 나 여호와가 시온을 위로하되 그 모든 황폐한 곳을 위로하여

그 광야로 에덴 같고 그 사막으로 여호와의 동산 같게 하였나니 그 가운데 기뻐함과 즐거워함과 감사함과 창화하는 소리가 있으리라"(사 51:3)
" 어미가 자식을 위로함같이 내가 너희를 위로할 것인즉 너희가 예루살렘에서 위로를 받으리니"(사 66:13)
" 찬송하리로다. 그는 우리 주 예수 그리스도의 하나님이시요 자비의 아버지시요 모든 위로의 하나님이시며 우리의 모든 환난 중에서 우리를 위로하사 우리로 하여금 하나님께 받는 위로로써 모든 환난 중에 있는 자들을 능히 위로하게 하시는 이시로다"(고후 1:3,4)
"우리 주 예수 그리스도와 우리를 사랑하시고 영원한 위로와 좋은 소망을 은혜로 주신 하나님 우리 아버지께서 너희 마음을 위로하시고 모든 선한 일과 말에 굳게 하시기를 원하노라"(살후 2:16,17)

● 실연
" 너는 마음을 강하게 하고 담대히 하라 그들을 두려워 말라 그들 앞에서 떨지 말라 이는 네 하나님 여호와 그가 너와 함께 행하실 것임이라 반드시 너를 떠나지 아니하시며 버리지 아니하시리라 하고"(신 31:6)
" 여호와여 주의 이름을 아는 자는 주를 의지하오리니 이는 주를 찾는 자들을 버리지 아니하심이니이다"(시 9:10)
" 나의영혼아 잠잠히 하나님만 바라라 대저 나의 소망이 저로 좇아 나는도다 오직 저만 나의 반석이시요 나의 구원이시요 나의 산성이시니 내가 요동치 아니하리로다"(시 62:5,6)

● 고민

"하나님이 모든 것을 지으시되 때를 따라 아름답게 하셨고 또 사람에게 영원을 사모하는 마음을 주셨느니라 그러나 하나님의 하시는 일의 시종을 사람으로 측량할 수 없게 하셨도다."(전 3:11)

"너희 중에 누가 염려함으로 그 키를 한 자나 더할 수 있느냐"(마 6:27)

"너희 단장은 머리를 꾸미고 금을 차고 아름다운 옷을 입는 외모로 하지 말고 오직 마음에 숨은 사람을 온유하고 안정한 심령의 썩지 아니할 것으로 하라 이는 하나님 앞에 값진 것이니라."(벧전 3:3,4)

3) 병원환자와 치유심방은
'하나님의 영광'에 그 구조의 맥을 나누면 고통을 분담하셨던 성부 하나님의 심정을 십분이나마 이해하십시오. 그러면 위로가 될 것입니다. 즉, 하나님의 영광을 위하여 기꺼이 그 아들 독생자 예수 그리스도를 십자가의 고통을 겪게 하셨던 그 의미들을 묵상할 수 있습니다.

4) 신앙생활 권면심방과 교회생활에 실패한 자 심방은
 직접적인 본문 전달 구조를 취하거나 직간접 본문의 의미를 전달하는 교육(디다케)성격이 강해야 합니다. 따라서 심방설교사역자의 태도 또한 하나님의 아들 그리스도 예수께서 친히 보여 주셨던 하나님 나라의 Vision과 구속의 은혜와 성결한 복음에 합당한 태도를 피심방자에게 느끼도록 모본을 보여야 할 것입니다.

5) 직업형편 심방, 가족 연령별 심방, 생활형편(경제 구조이해) 심방, 교회등록 및 전도목적 심방은 표현 그대로 목적이 있는 심방설교입니다. 즉, 형편이 나아지기를 바라는 목적입니다.

예를 들어, 신앙생활 권면을 생각하고 그 설교구조를 세울 때에 다음과 같은 구조를 가지고 설교를 하셔야 좋습니다.

(1) 초(初)신자─① 권면 ② 회개 ③ 고향
(2) 믿음을 버린 자─① 하나님, 여호와 ② 예배생활 권면
(3) 믿음이 흔들리는 자─당신은 주님께 선택을 받으셨어요.
(4) 기도생활에 게으른 자─① 때 ② 중단 ③ 배움
(5) 거짓신앙에 빠진 자─① 좁은 문 ② 말씀 ③ 길 ④ 종교지도자
(6) 술과 방탕에 빠진 자─① 선행의 삶 ② 빛과 소금 ③ 거룩함
(7) 세상만 따르는 자─① 낙심 ② 회복 ③ 우울 ④ 회의
(8) 죄에 빠진 자─① 말 ② 성, 간음 ③ 결단 ④ 남과 비교
(9) 회개하기 원하는 자─① 스트레스 ② 용서 ③ 경고
(10) 열심이 식은 자─① 이름을 위하여 ② 흥함을 위하여 ③ 번성을 위하여

그런 심방설교의 구조는 순종에 커다란 초점을 맞추는 설교 구조를 가져야 할 것입니다. 그렇지 않으면 심방자가 기복적인 주술사(?)의 기원으로 끝이 나게 마련입니다.

5. 심방설교의 내용 및 그 특색 / 피 심방자의 신앙 년조 및 믿음생활 내용

① 성경적인 특성
현장 심방설교의 내용 및 그 특색이 있습니다. 심방설교의 내용은 피

심방자의 신앙 년조에 따라서 그 내용과 차원이 다르게 선포됩니다. 이것은 설교자의 자세부터 다릅니다.

사도행전 17장에는 '베뢰아' 사람들의 성품이 기록되어 있습니다. 사도 바울은 그들에게 성령으로부터 받은 진리를 거짓 없이 전하였습니다.

사도행전 17:11절 - " 베뢰아 사람들은 데살로니가에 있는 사람보다 더 신사적(紳士的)이어서 간절한 마음으로 말씀을 받고 '이것이 그러한가?' 하여 날마다 성경을 상고하므로 그 중에 믿는 사람이 많고, 또 헬라의 귀부인과 남자가 적지 아니하나…"(행 17:11)

더불어 살펴보면 사도 바울의 설교의 특색은 「주 예수 그리스도, 영광의 소망」을 돌아봄(심방-'베뢰아' 사람들은 '데살로니가'에 있는 사람보다 더 신사적(紳士的)이어서)의 복음사역 현장지명으로 증거하고 있습니다.

② 무한책임(無限責任)의 특성이 있습니다.

예수님께서 바리새인들을 향하여 설교하신 내용은 매우 거친 표현을 쓰셨습니다.

" 독사의 자식들아 너희는 악하니 어떻게 선한 말을 할 수 있느냐 이는 마음에 가득한 것을 입으로 말함이라 선한 사람은 그 쌓은 선에서 선한 것을 내고 악한 사람은 그 쌓은 악에서 악한 것을 내느니라! 내가 너희에게 이르노니 사람이 무슨 무익한 말을 하든지 심판 날에 이에 대하여 심문을 받으리니 네 말로 의롭다 함을 받고 네 말로 정죄함을 받으리라!"(마 12:34-37)

그러므로 예수님의 설교의 특색은 ② 무한책임의 특성이 있었습니다. 즉, 설교자의 말씀 내용이 입 밖으로 나온 그 순간부터 그 책임이 뒤따른다는 뜻입니다. 그 책임은 마지막 날 심판까지입니다.

③ 심판의 즉각성(卽 刻 性)
사도 바울의 설교에서는 ③ 심판의 즉각성이 드러나 있습니다.
바울은 '바보'에서 유대인 거짓 선지자 박수를 만났습니다. 박수의 이름은 '엘루마'였습니다. 그가 사도 바울의 설교에 대하여 의심할 뿐 아니라 다른 사람이 예수를 믿겠다는 결심까지도 뒤흔들고 전도하는 사도 바울을 향하여 대적하였습니다. 그래서 바울 사도는 성령이 충만하여 그를 보며 설교하였습니다.

" 가로되 모든 궤계와 악행이 가득한 자요, 마귀의 자식이요, 모든 의(義)의 원수며, 주의 바른 길을 굽게 하기를 그치지 아니하겠느냐? 보라 이제 주의 손이 네 위에 있으니 네가 소경이 되어 얼마동안 해(太陽)를 보지 못하리라 하니 즉시 안개와 어두움이 그를 덮어 인도할 사람을 두루 구하는지라."

그러므로 심방설교의 내용전달과정에서 피 심방자의 신앙 년조 및 믿음생활 내용이 악할 때에는 그에 대한 즉각적인 반응을 보이는 것도 그 특색이 됩니다.
즉, 우유부단한 표현보다는 확고한 자세로 겸손하지 못한 피 심방자들을 꾸짖는 것도 유익한 특색이라 할 수 있습니다.

 이외에도 심방설교의 내용 및 그 특색은 피 심방자의 영혼을 구하며, 일으키고 살리는 자세의 일관성이 있습니다.
피 심방자의 외모나 그 형편에 따라서 심방자의 자세가 달라질 수 있으나 결국 그 영혼의 상태는 영혼의 갈증을 호소한다고 생각해야 합니다.
그렇기 때문에 하나님께서는 그의 양떼들의 형편을 다 아시고 심방자에게 심방설교를 하라는 것입니다.
그들을 향하여 하나님의 말씀을 전달해 주어 그 영혼을 살리거나 보호와 평안을 체험하도록 명령하셨음을 잊지 말아야 합니다.

6. 심방설교의 문체 및 억양 VS 피심방자의 신체적 건강상태를 고려

심방설교문의 문체는 준비하는 심방 설교자의 믿음과 성령 충만에 따라서 그 억양이 다르게 표현됩니다.
'루스드라'에는 발을 쓰지 못하는 나면서 앉은뱅이가 되어 걸어 본 적이 없는 선천적 장애자가 있었습니다. 그 장애자는 사도 바울의 설교를 들었습니다. 주의 말씀과 그의 영혼이 만나게 되자 사도 바울은 구원받을 만한 믿음이 그에게 있음을 보았습니다.
따라서 사도 바울은 즉시 그에게 선포하였습니다.
큰소리로 가로되 "네 발로 바로 일어서라!" 하니 그 사람이 일어나 걸었습니다(행 14:10).
그러므로 대부분 확신 있는 설교는 그 문체와 억양이 크며 급하고 강합니다.

예수님의 설교의 부드러운 문체와 낮은 목소리 억양을 관찰할 수 있는 말씀이 있습니다.
" 너희가 내 안에 거하고 내 말이 너희 안에 거하면 무엇이든지 원하는 대로 구하라 그리하면 이루리라 너희가 과실을 많이 맺으면 내 아버지께서 영광을 받으실 것이요 너희가 내 제자가 되리라 아버지께서

나를 사랑하신 것 같이 나도 너희를 사랑하였으니 나의 사랑 안에 거하라! 내가 아버지의 계명을 지켜 그의 사랑 안에 거하는 것 같이 너희도 내 계명을 지키면 내 사랑 안에 거하리라 내가 이것을 너희에게 이름은 내 기쁨이 너희 안에 있어 너희 기쁨을 충만하게 하려 함이니라 내 계명은 곧 내가 너희를 사랑한 것 같이 너희도 서로 사랑하라 하는 이것이니라!"(요 15:7-12)

이러한 말씀의 영향은 성격이 매우 급하였던 사도 요한을 변화시켜 그의 성경 기록이 부드러웠습니다.

그리고 그의 주된 문체의 단어는 '하나님의 사랑'이었습니다.

그렇습니다. 설교는 듣는 자의 변화와 성숙의 목적이 담긴 영감의 설교가 되어야 합니다. 영감 있는 설교는 설교자의 기도에 따른 결과입니다. 영감 있는 설교자는 피 심방자의 신체적 건강상태를 단번에 짐작하여 성령을 더욱 의지합니다.

따라서 자의(自意)로 말하지 않으려고 더욱 기도하며 겸손히 피 심방자의 심령상태를 주께로부터 들으려 합니다.

요한복음 16:7-8절 - "그러하나 내가 너희에게 실상을 말하노니 내가 떠나가는 것이 너희에게 유익이라 내가 떠나가지 아니하면 보혜사가 너희에게로 오시지 아니할 것이요 가면 내가 그를 너희에게로 보내리니 그가 와서 죄(罪)에 대하여, 의(義)에 대하여, 심판(審判)에 대하여 세상을 책망하시리라!"(요 16:7-8)

13절에는 침묵의 문체로 기록되었습니다.

"그러하나 진리의 성령이 오시면 그가 너희를 모든 진리 가운데로 인도하시리니 그가 자의로 말하지 않고 오직 듣는 것을 말하시며 장래 일을 너희에게 알리시리라!"

병든 '나사로'의 죽은 소식을 들으신 예수님께서는 '나사로'의 집을 심방하는 시간을 늦추시면서 침착한 어조로 표현하셨던 말씀의 기록이 있습니다.
요한복음 11:4절 - " 예수께서 들으시고 가라사대 이 병은 죽을병이 아니라 하나님의 영광을 위함이요 하나님의 아들로 이를 인하여 영광을 얻게 하려함이라 하시더라."(요 11:4)
요한복음 11:11절 - " 우리 친구 나사로가 잠들었도다. 그러나 내가 깨우러 가노라!"(요 11:11)

작은 결론을 지어 보면, 심방자의 심방 설교의 문체와 그 억양은 때로는 큰 소리로, 때로는 부드럽고 낮은 목소리로, 때로는 성령 충만한 침묵의 언어로 침착하게 진행해야 됨을 깨닫습니다.

'삭개오'의 집을 심방하셨던 예수님의 언어 억양은 이웃 아저씨의 친근함이 있었고 참으로 은혜가 넘쳤습니다.
뽕나무에 올라간 '삭개오'의 열성적 태도를 우러러 보시고 이르시되 " '삭개오'야 속히 내려오라 내가 오늘 네 집에 유하여야 하겠다. 오늘 구원이 이 집에 이르렀으니 이 사람도 '아브라함'의 자손임이로다 인자의 온 것은 잃어버린 자를 찾아 구원하려 함이니라."(눅 19:5,9-10)

7. 심방설교의 예언적 가능성 VS 피 심방자의 영적 상태, 지적, 심적, 체질적 수용능력

심방설교는 예언적인 기능성이 있습니다.
따라서 심방 설교자는 주 예수 그리스도의 믿음의 선포가 있어야 합니다. 「주 예수 그리스도, 영광의 소망」 그 선포의 방법은 이렇게 하는 것이 좋습니다.

1) 기도를 하라.
2) 설교자 자신이 먼저 회개할 자처럼 여기라.
3) 겸손한 가능성을 드러내라.
4) 즉석에서 재판하듯 판단기능을 유보하고 묵상하라.
5) 축복하는 심령이 되도록 찬송을 하라.
6) 정직한 영적 상태인지 확인하라.
7) 탐욕의 마음을 제거하라.
8) 체질적으로 예언의 은사적인 가능성을 받았는가? 자문자답 해 보라

그리고 심방설교를 할 때 확신에 찬 눈빛으로 말씀을 선포하십시오(막 13:11). 하나님의 말씀은 반드시 이루어집니다.

마가복음 13:1-2절 - "예수께서 성전에서 나가실 때에 제자 중 하나가 가로되 선생님이여 보소서 이 돌들이 어떠하며 이 건물들이 어떠하니이까? 예수께서 이르시되 네가 이 큰 건물들을 보느냐? 돌 하나도 돌 위에 남지 않고 다 무너뜨려 지리라 하시니라"(막 13:1-2)
하나님의 말씀 앞에는 귀신도 물러갈 것이며, 어떠한 병마의 근원도 말라 버릴 것입니다(마 9:18-26, 마 10:8-10절 참고).
따라서 하나님이 말씀하시면 안 되는 일이라고 믿었던 피 심방자의 영적 상태, 지적 상태, 심적 상태, 체질적 수용능력이 부족할지라도 되는

역사가 많습니다.

그러한 심방설교자의 자기 확신과 더불어 예언적인 은사의 가능은 자의(自意)로 될 수 없습니다. 오직 성령이 교회들에게 하시는 예언적 사역입니다(계 2:7,29, 3:13).

그리고 교회의 모든 지체들은 심방설교 가운데 역사하시는 성령님의 예언의 기능을 교회 공동체로 수용되도록 믿음의 기능과 연합해야 합니다. 이런 연합기능성의 활발함은 복(福)있는 사역이 됩니다.

"요한은 하나님의 말씀과 예수 그리스도의 증거, 곧 자기의 본 것을 다 증거 하였느니라 이 예언의 말씀을 읽는 자와 듣는 자들과 그 가운데 기록한 것을 지키는 자들이 복(福)이 있나니 때가 가까움이라!"(계 1:2-3)

" 그 아버지 하나님을 위하여 우리를 나라와 제사장으로 삼으신 그에게 영광과 능력이 세세토록 있기를 원하노라! 아멘"(계 1:6)

8. 심방설교의 시간관리 및 효율적 운영 VS 계절, 시간, 건강

심방 설교자의 시간 관리 및 효율적 운영이 필요합니다.
그 운용에는 ① 계절감각을 살펴어야 합니다.
또한 하루의 ② 시간 계획대로 진행해야 합니다.
③ 건강이 양호한 상태로 유지하고 상쾌하고 유쾌한 모습이 우러러 나와야 합니다.

무엇보다 심방설교자의 경건한 생활 습관을 조절해야 할 것입니다. 심방이 일시적이며 일회적이라면 평소 하던 습관대로 하루의 시간을 운용해도 괜찮지만 심방기간이 봄·가을 대심방일 경우에는 긴 시간이 소요됩니다. 따라서 심방설교자의 경건한 생활 습관을 준비하는 체질운동이 필요합니다.

설교자 자신을 위하여,
1) 저녁기도 시간을 마련하십시오.—스스로 자백하며 회개를 하십시오. 특히 부지중에 지은 죄가 생각나도록 성령님께 구하십시오. 그리고 타인을 향하여 가졌던 감정의 찌꺼기들을 눈물로 쓸어 내십시오.
2) 새벽기도 시간에는 성경말씀을 암송하십시오.—특히 마귀를 대적하는 말씀, 귀신을 쫓아내는 성구, 말씀과 병을 낫게 하셨던 예수님의 사역말씀을 암송하십시오.
3) 주일 시간은 교회론 또는 교회의 방향과 그 해 연도의 목표에 관한 설교를 하십시오.
4) 월요일에는 교회직원들의 휴무일에 해당되는 교회가 많아졌습니다. 그러나 심방은 긴급출동을 위한 대기조가 가동되어야 옳습니다. 군대의 군인들의 불침번(?) 처럼, 심방 당직제도 같은 방식입니다.

따라서 특별한 심방역시 9시 30분에 심방대원들과 경건시간 예배를 주 하나님께 드리시되 찬송을 2곡 이상씩 부르십시오.
이때에 전 세계에서 흩어져 사역하시는 선교사들의 활동과 기아와 난민들의 형편을 묵상하신 후 10시에는 피 심방자의 가정을 향하여 출발하십시오. 따라서 월요일의 설교는 사명감의 고취부터 시작하십시오.
그리고 월요일은 오후 4시 전에 심방시간과 귀가시간을 가지셔야 합니다. 그 이유는 화요일의 설교에 지장이 없는 건강을 유지하고 양호하게 만드는 지혜이기 때문입니다.

귀가 후에는 반드시 샤워 또는 목욕 후 식사는 가볍게 한 후 취침하시고 취침 중에 잠깐 일어나 다시 기도 후에 잠이 드시면 되겠습니다.

월요일부터 무리하게 운영하시지 마십시오.

5) 화요일의 경건 시간에는 갇힌 자들, 병원환자들, 군에 간 형제와 독거노인들을 위하여 통성기도를 하십시오. 그리고 출발하시되 찬송을 3곡 부른 후 요절말씀을 암송하면서 심방하십시오. 그리고 오후 4시에는 마치십시오.

6) 수요일의 경건시간에는 이 땅의 음란한 문화를 위하여 중보기도하십시오. 따라서 이 사회의 위정자들의 역할을 위하여 기도하십시오.

저녁 수요예배 시간을 고려하여 3시 30분까지 심방을 마쳐야 합니다.

7) 목요일 경건 시간에는 각 가정의 가정경제와 사업체 기도를 하십시오.

8) 금요일에는 각 구역별로 구역(속회)예배를 드리니 심방 계획을 세우지 않아도 되지만, 언제나 9시 30분에는 모여서 각 구역(속)을 위한 경건 기도회를 가지셔야 봄, 가을 대 심방 시간 관리에 지장이 없습니다. 철야 및 심야기도회 시간에는 공동기도제목을 내 놓고 중보기도하십시오.

9) 토요일에는 개인별 경건 기도시간을 갖되 역시 9시 30분에 성경 한 장을 읽고 기도를 하십시오. 이때에는 각 가족들의 인간관계의 회복과 화목을 위하여 집중적으로 기도해 주십시오.

따라서 하루의 심방은 7가정~8 가정을 목표하되 한 가정에 소요되는 심방 시간은 30분으로 규정하셔야 됩니다. 만일 30분을 초과하면 언제나 헛된 이야기로 시간을 보내는 경우가 많습니다.

어떤 목회자는 한 시간씩 하는 분도 계시지만 가장 바람직한 시간은 각 가정에 들어가는 순간부터 시작하여 나오는 시간이 30분이어야 마귀가 틈을 타지 못 합니다. 그러므로 한 가정의 심방 시간은 30분이라고 공포하시는 것이 피 심방자의 시간 관리에도 유익하며 심방을 거부하는 경우가 드물게 됩니다.
― 심방시간 딱 30분이니 지체하지 마시고 한 사람도 빠지지 마십시오.

9. 심방 설교자의 자기관리 VS 묵상, 기록정리, 당회 협조, 언행(정보)단속 중보기도 요청

1) 심방 설교자의 자기관리의 영적 영역
" 그러므로 내가 첫째로 권하노니 모든 사람을 위하여 간구와 기도와 도고와 감사를 하되 임금들과 높은 지위에 잇는 모든 사람을 위하여 하라 이는 우리가 모든 경건(敬虔)과 단정한 중에 고요하고 평안한 생활을 하려 함이니라 이것이 우리 구주 하나님 앞에 선하고 받으실 만한 것이니 하나님은 모든 사람이 구원을 받으며 진리를 아는데 이르기를 원하시느니라 하나님은 한 분이시오. 또 하나님과 사람 사이에 중보(中保)자도 한 분이시니 곧 사람이신 그리스도 예수라 그가 모든 사람을 위하여 자기를 속전으로 주셨으니 기약이 이르면 증거할 것이라 이를 위하여 내가 전파하는 자와 사도로 세움을 입은 것은 참말이요 거짓말이 아니니 믿음과 진리 안에서 내가 이방인의 스승이 되었노라 그러므로 각처에서 남자들이 분노와 다툼이 없이 거룩한 손을 들어 기도하기를 원하노라." (딤전 2:1-8)

2) 심방 설교자의 자기관리의 지적 영역
" 무릇 그리스도 예수 안에서 경건하게 살고자 하는 자는 핍박을 받으리라 악한 사람들과 속이는 자들은 더욱 악하여져서 속이기도 하고 속기도 하나니 그러나 너는 배우고 확신(確信)한 일에 거하라 네가 뉘게서 배운 것을 알며 또 네가 어려서부터 성경을 알았나니 성경은 능히 너로 하여금 그리스도 예수 안에 있는 믿음으로 말미암아 구원에 이르는 지혜가 있게 하느니라 모든 성경은 하나님의 감동으로 된 것으로 교훈(敎訓)과 책망과 바르게 함과 의로 교육하기에 유익하니 이는 하나님의 사람으로 온전케 하며 모든 선한 일을 행하기에 온전케 하려 함이니라."(딤후 3:12-17)

3) 심방 설교자의 자기관리의 정서적 영역
" 감독은 하나님의 청지기로서 책망(責望)할 것이 없고 제 고집대로 하지 아니하며 급히 분내지 아니하며 술을 즐기지 아니하며 구타하지 아니하며 더러운 이를 탐하지 아니하며 오직 나그네를 대접하며 선을 좋아하며 근신(謹愼)하며 의로우며 거룩하며 절제(節制)하며"(딛 1:7-8)

4) 심방 설교자의 자기관리의 체질적 영역
" 내 형제들아 만일 사람이 믿음이 있노라 하고 행함이 없으면 무슨 이익이 있으리요 그 믿음이 능히 자기를 구원(救援)하겠느냐 만일 형제나 자매(姉妹)가 헐벗고 일용(日用)할 양식이 없는데 너희 중에 누구든지 그에게 이르되 평안히 가라, 더웁게 하라, 배부르게 하라 하며 그 몸에 쓸 것을 주지 아니하면 무슨 이익이 있으리요 이와 같이 행함이 없는 믿음은 그 자체(自體)가 죽은 것이라 혹이 가로되 너는 믿음이 있고 너는 행함이 있으니 행함이 없는 네 믿음을 내게 보이라 나는 행함으로 내 믿음을 네게 보이리라 네가 하나님은 한 분이신줄을 믿느냐 잘하는도다 귀신(鬼神)들도 믿고 떠느니라 아아 허탄(虛誕)한 사람아 행함이 없는 믿음이 헛것인줄 알고자 하느냐 우리 조상 아브라함이 그 아들 이삭을 제단(祭壇)에 드릴 때에 행함으로 의롭다 하심을 받은 것이 아니냐 네가 보거니와 믿음이 그의 행함과 함께 일하고 행함으로 믿음이 온전(穩全)케 되었느니라" (약 2:14-22)

5) 심방 설교자의 자기관리의 인간관계 영역
" 너희 중에 지혜와 총명이 있는 자가 누구뇨 그는 선행으로 말미암아 지혜의 온유함(溫柔)으로 그 행함을 보일지니라 그러나 너희 마음 속에 독(毒)한 시기와 다툼이 있으면 자랑하지 말라 진리를 거스려 거짓하지 말라 이러한 지혜는 위로부터 내려온 것이 아니요 세상적이요 정욕적이요 마귀적이니 시기(猜忌)와 다툼이 있는 곳에는 요란과 모든 악(惡)한 일이 있음이니라 오직 위로부터 난 지혜는 첫째 성결하고 다음에 화평하고 관용하고 양순하며 긍휼과 선한 열매가 가득하고 편벽과 거짓이 없나니 화평케 하는 자들은 화평으로 심어 의의 열매를 거두느니라" (약 3:13-18)

 이와 같은 말씀의 명령을 묵상하시고 그 내용을 기록하는 영적습관을 힘들더라도 만드십시오.
특히, 당회에 협조를 요청하는 것은 재정적 지원과 차량지원과, 아울러 구제대상들과 지원해야 할 교우들의 형편을 이해하는 일입니다. 당회원이 되는 장로는 마땅히 심방대원이 되어 목회심방을 도와야 합니다. 그러므로 피택장로일지라도 심방대원에 합류하여 교우들의 형편을 심방하는 것이 옳은 것인 줄을 알고 협력해야 합니다.

따라서 심방대원들이 묵상해야 될 말씀은 다음과 같습니다.
" 내 형제들아 영광의 주 곧 우리 주 예수 그리스도를 믿는 믿음을 너희가 받았으니 사람을 외모(外貌)로 취하지 말라 만일 너희 회당(會堂)에 금가락지를 끼고 아름다운 옷을 입은 사람이 들어오고 또 더러운 옷을 입은 가난한 사람이 들어올 때에 너희가 아름다운 옷을 입은 자를 돌아보아 가로되 여기 좋은 자리에 앉으소서 하고 또 가난한 자에게 이르되 너는 거기 섰든지 내 발등상 아래 앉으라 하면 너희끼리 서로 구별(區別)하며 악한 생각으로 판단하는 자가 되는 것이 아니냐 내 사랑하는 형제들아 들을지어다. 하나님이 세상에 대하여는 가난한 자를 택하사 믿음에 부요하게 하시고 또 자기를 사랑하는 자들에게 약속하신 나라를 유업으로 받게 아니하셨느냐 너희는 도리어 가난한 자를 괄시하였도다. 부자는 너희를 압제하며 법정(法廷)으로 끌고 가지 아니하느냐 저희는 너희에게 대하여 일컫는 바 그 아름다운 이름을 훼방하지 아니하느냐 너희가 만일 경(經)에 기록한 대로 네 이웃 사랑하기를 네 몸과 같이 하라 하신 최고한 법을 지키면 잘하는 것이거니와 만일 너희가 외모로 사람을 취하면 죄를 짓는 것이니 율법이 너희를 범죄자로 정하리라"(약 2:1-9)

10. 심방설교사역 후의 교회성장의 가능성 점검

심방설교사역 후에 기대되는 소망은 교회성장입니다. 특히 행정적으로 유익한 정리가 됩니다. 교회성장 측면에서 성경을 살펴보았습니다.

디모데전·후서에 나타난 현상을 정리하면 다음과 같습니다.

● 목회자
1) 그리스도 예수의 복음을 위하여 고난에 동참한 은혜가 있습니다.
2) 심방을 통하여 복음전도자 사명감이 상승되는 작용을 성령님의 역사로 알게 됩니다.
3) 때를 분별하며 교역자, 심방설교자의 책임이 큰 것을 확인하게 됩니다.
4) 자격 있는 자의 자기관리와 모범적인 사역이 주는 효과를 발견하게 됩니다.

● 제직과 심방대원
1) 진리의 말씀을 분별하려는 태도로 바뀌어져 성경을 읽을 것입니다.
2) 기도와 교회생활의 열심히 되살아나 역동적인 활동을 하게 될 것입니다.
3) 선한 일을 위하여 기도생활의 영적 습관이 발생될 것입니다.
4) 하나님의 말씀과 기도와 거룩함을 가진 선한 일꾼으로 거듭날 것입니다.
그러므로 선한 행실로 선한 싸움을 하여 승리하는 성도와 교회가 될 것입니다.

야고보서를 설교하면 내적 치료의 빠른 효과가 있습니다.

1) 시험에 든 자들이 인내(忍耐)를 배우게 될 것입니다.
2) 외모로써 인간관계를 전개하던 습관들과 가치관이 변하여 편견을 버

리고 사람을 대하는 부드러움과 조화의 인물이 될 것입니다.
3) 말과 지혜로움이 드러나고 스스로를 절제하는 효과가 있을 것입니다.
4) 따라서 성도의 자세가 바뀌어 행동하는 그리스도인으로 변모할 것입니다.

 지면상 모든 성경의 효능에 대하여 다 설명할 수 없지만 구약은 간단하게 설명하겠습니다.
그렇다면 구약을 본문으로 선택하여 심방설교를 할 때에 그리스도 예수의 말씀 — 항상 복음과 접목하면 교회(교인)성장에 어떤 영향이 될까요?

1) 이 땅을 다스리는 축복을 받게 될 것입니다. 그것도 영육간의 축복으로 나타날 것입니다. 구약은 복(福)으로 시작되어 재앙으로 끝나고, 신약은 예수로 시작됩니다. 따라서 구약을 설교하면 예수를 만나게 되는 복음을 듣게 됩니다.
2) 불가능한 일들—정치, 경제, 사회, 문화, 종교 및 교육의 모든 영역에 큰 변화의 아이디어를 얻습니다. 그 예를 들어 믿음의 족장들의 삶과 출애굽 역사로 설명할 수 있습니다.
3) 리더십(이끄는 힘과 그 정신)이 발생되어 연약한 심령의 소유자를 이끌 수 있습니다.
4) 법과 질서를 존중하게 되고, 그 율례를 깨뜨리면 심판이 있음도 깨닫습니다.
5) 우상과 미신문화, 종교적 갈등을 해결할 수 있습니다.
6) 전쟁과 평화를 깨달으며, 싸울 때와 평화할 때를 분별하는 영특함을 얻게 됩니다.

7) 천하보다 귀한 한 사람과 그와 관련된 가족들이 한 사람의 믿음으로 말미암아 살기도하고 죽기도 하는 끔찍한 사랑의 원리를 발견할 것입니다.
8) 특히 시가서(詩 歌 書)에서는 쓰디쓴 인생살이와 배반 및 이것이 인생이구나! 하는 예술문화의 지혜를 얻을 것입니다.
9) 선지자들의 사역을 통하여 이 땅의 목회자의 심정을 깊이 이해할 것입니다.
10) 끝으로 하나님의 회복과 그 치료의 광선이 되는 메시야―곧 우리 주 예수 그리스도를 기다리게 될 것입니다.

교회는 그리스도 예수의 재림을 기다리고 있습니다. 그 날까지 교회는 구령의 목적을 가지고 교회의 구성원들을 이끌어 나갈 것입니다.

그러므로 심방하는 교회와 목회자들은 자기 심방달란트를 확인하십시오.
당신이 나는 부자라 부요하여, 부족한 것이 없다 하는 자들을 향하여 가십시오.
당신이 곤고한 영혼과 육체들을 향하여 심방설교를 선포하십시오.
당신이 가난한 나그네들을 축복하여 주십시오.
당신이 진리의 말씀을 옳게 분변치 못하는 그들에게 부드럽고 침착한 억양으로, 때로는 급하고 강한 큰 소리로, 성령의 충만함을 드러내십시오.
당신이 죄와 수치로 실패와 벌거벗은 이 땅의 사회 구석구석을 향하여 두 발로 찾아가 직접 그들의 얼굴을 긍휼의 눈으로 보며 예수님께서 그들을 위하여 이 땅에 심방 오셨음을 밝히 가르치십시오. 때로는 비용을 들여서라도 치료와 구제를 하십시오.
당신이 책망하면 시험에 들지 않고 시험에서 벗어나는 지혜를 성경에서 얻을 것입니다.
당신이 열심을 내어 심방하고 하나님의 말씀을 설교하면 피 심방자들은 회개할 것입니다.

거절이 있을 때에는 더욱 열심을 내세요. 피 심방 대상자들은 나의 원수 아닙니다. 물론 원수라도 더불어 화목(和睦)하는 것이 심방의 목적입니다. 다음에 당신이 전화 및 카카오톡을 보내시고 양해를 구하세요. SNS로 전조편지로 환기 시켜 주세요. 또는 우주적인 인공위성시대의 기능을 활용하세요. 이 메일로 사진, 또는 편지, 동영상을 보내시고 현장으로 가세요. 그리고 그들의 문을 두드리십시오. 벨을 누르십시오. 사업 및 직업의 현장에서 상태를 확인하십시오. 만나지 못했을 때는 손편지를 쓰십시오. 주의 말씀을 근거로 기록된 계시의 말씀을 전하십시오. 그리하면 누구든지 심령의 닫힌 문을 열 것입니다. 더욱 열심으로 그들의 형편을 돌아보면 그들의 마음 문이 열릴 것입니다.

그리하여 주 예수 그리스도와 그들의 심령과 형편들이 만나게 될 것입니다. 또한 서로 말씀으로 더불어 먹고 마시는 심방을 즐거워하십시오. 그 즐거움은 당신의 심방달란트(이하 은사) 받은 줄로 알고 기꺼이 그들이 당신을 자주 초청할 것입니다.
이 땅의 신령한 그리스도인, '고넬료'와 같은 남성들도 당신의 심방을 기다릴 것입니다.
당신이 당신의 심방가기 싫은 마음과 싸워 이기면 주 하나님의 보좌 근처로 당신을 앉게 하실 것입니다.

당신의 교회(교인)을 성장 및 성숙시킬 것입니다. 살리세요. 현장 심방을 나가보세요. 왜냐하면 심방은 전도 동력을 만들어내는 원소이기 때문입니다.

이 땅의 목회자들이여! 심방 자들이여! 심방을 하면 할수록 교회 성장은 눈앞에 보입니다. 결코 교회는 흔들리지 않습니다.

교회의 뿌리는 심방으로 다져 질 것입니다.

이것이 필자가 발견한 마가의 심정입니다.

찾아 가세요. 심방을 하세요. 그 현장에 가면 하나님 아버지와 우리주 예수 그리스도의 보내신 성령께서 지휘하심을 감동받게 될 것입니다.

"귀 있는 자는 성령이 교회들에게 하시는 말씀을 들을지어다 —아멘"
(계 3:17-22)

제7장

살리는 1004 편 심방 설교 20부 분야별 목록
／ 핵심요약 적용

제1부 • 축하와 격려심방
(1) 출생
간구하는 심령의 은총을 받으세요 / 슥 12:1-14
임마누엘의 징조를 구하십시오 / 사 7:1-25
예수 그리스도의 세계 / 마 1:1-17
임마누엘로 오신 예수님 / 마 1:18-25

(2) 생일
사랑 안에서 / 엡 1:1-6
신실과 긍휼의 하나님 / 눅 1:57-80
모세의 동포애 / 행 7:20-29
쉼(휴식·안식)의 방법 / 창 2:1-25
낮은 곳에 임하심 / 눅 2:1-20
여호와의 것입니다 / 시 24:1-10
여호와를 존중히 여기는 사람 / 삼상 2:1-36
믿음의 족보를 만들어라 / 대상 1:1-54
말씀대로 이루어지이다 / 눅 1:26-56
형통을 기뻐하시는 여호와 / 시 35:1-28
첫 태에 처음 난 사람 / 민 3:1-51

측량할 수 없는 주의 의 / 시 71:1-24

(3) 교육
순종 / 엡6:1-4
마음을 다하는 나의 생활 / 골 3:18-4:1
탐식 자가 되지 말라 / 잠 23:1-35
스스로 개척하라 / 수 17:1-18
시작의 미약함과 그 비전 / 욥 8:1-22

(4) 혼인
민족 공동체의 순결 / 신 22:1-30
여호와의 사랑하시는 그 성결 / 말 2:10-17
사지(死地)로 끌고 가는 음욕 / 잠 5:1-23
그리스도인의 가정 / 벧전 3:1-12
아름다운 신부가 되십시오 / 아 7:1-13
거룩한 결혼계약을 지키세요 / 룻 4:1-12
신랑의 사랑 찬가 / 아 6:1-14
이삭의 중매결혼 이야기 / 창 24:1-67
남편의 고귀한 책임 / 엡 5:22-28
물이 포도주로 변했어요 / 요 2:1-12

(5) 사업
거룩한 투자를 하십시오 / 창 14:1-24
대장장이 네 명의 환상을 깨달읍시다 / 슥 1:18-21
다윗 왕의 성공 비결 / 대상 11:1-47

의인의 터와 일을 찾으세요 / 시 11:1-7
공평하신 하나님 / 마 20:1-16
하나님을 경외함이 뜨거운 사람 / 느 7:1-73

(6) 전입 · 출국
기도하시면 형통합니다 / 사 37:1-38
내 의(義)의 하나님 / 시 4:1-8
주소이전의 자유와 그 책임 / 룻 1:1-14
떠나, 가라 / 행 7:1-8
희생적 제안 / 창 13:1-18

(7) 귀국
비전(VISION)의 색깔 / 창 9:1-29
목 메인 찬송의 외침 / 스 3:1-13
(8) 침례 · 세례
하늘이 열리다 / 눅 3:21-38

제2부 • 장례와 애도심방 · 추도예배

(1) 임종
진실로 하나님의 아들이었도다! / 막 15:21-47
죽어야 열매 맺어요 / 요 12:20-50
인생을 마무리하는 것입니다 / 창 50:1-26
십자가의 죽음 / 마 27:45-66

(2) 문상

모세의 마지막 축복 / 신 33:1-29
부친이 남긴 축복의 유언 / 창 48:1-22
고난의 비명소리를 들어보세요 / 시 22:1-31
그 이름을 높여 드리세요 / 시 148:1-14
삶과 죽음 / 창 23:1-20
궤를 기쁨으로 메십시오 / 삼하 6:1-23
모세의 죽음 / 신 34:1-12
다윗의 애틋한 사랑 / 삼하 1:1-27

(3) 추도

뒤돌아보지 말라 / 눅 9:51-62
후손과 장자의 명분 / 창 25:1-34
야곱의 죽음 / 창 49:1-33
맷돌짝에 맞아죽은 사나이 / 삿 9:1-57
시내산에 오른 모세 / 출 24:1-18
그 이름을 높여 드리세요 / 시 148:1-14
결백을 사랑하십시오 / 대하 8:1-18
여호수아의 유언 / 수 23:1-16
초상집과 잔칫집 / 전 7:1-29
반역과 죽음의 행렬 / 왕하 9:1-37
염려하지 말라 / 눅 12:22-40

제3부 • 병원환자와 치유심방

(1) 발병원인
하나님의 영광을 위한 병 / 요 11:1-16
하나님의 형상 회복 / 막 5:1-20
하나님의 섭리 / 행 7:9-19
믿음의 위력을 시험해 보세요 / 마 9:18-38
욥의 분한(憤恨) / 욥 6:1-30
여호와여 나를 버리지 마소서 / 시 38:1-22
참된 안식 / 마 12:1-21
악질과 독종, 우박 재앙 / 출 9:1-35
자연법칙의 초월자 예수님 / 막 6:45-56
말일에 그것을 깨달으라 / 렘 30:12-24

(2) 병문안
이루어 주기를 하나님께 구하세요 / 겔 36:1-38
하늘에서 감찰하시는 모든 인생 / 시 33:1-22
히스기야의 병과 회복 / 사 38:1-22
찬송하라 / 시 117:1-2
생명을 건지신 하나님 / 삼하 4:1-12

(3) 자녀의 병
영적 소경 / 요 9:1-41
독백 / 욥 3:1-26

(4) 부인 환자
믿기만 하세요 / 막 5:21-43

우리에게 필요한 물 / 레 15:1-33
다비다의 선행 / 행 9:32-43

(5) 노인 환자
아브라함의 불안감 / 창 20:1-18
세리와 죄인의 친구 / 눅 5:17-39

(6) 중환자
나의 일생을 그 분께 맡기세요 / 시 39:1-13
아버지께서 일하시니 나도 일한다 / 요 5:1-18
엘리바스의 변론 / 욥 4:1-21

(7) 열병 환자
말씀의 능력을 믿으세요 / 요 4:43-54

(8) 지체 장애 환자
앉은뱅이를 고침 / 행 3:1-10

(9) 귀신 들린 자
치유와 귀신 추방 / 눅 4:31-44

(10) 피부병 환자
은혜 받을 기회 / 왕하 5:1-27
말씀을 순종하는 신앙 / 눅 5:1-16
주변 사람들 / 욥 2:1-13

(11) 안과(소경) 환자
아나니아의 믿음과 사울의 시력 회복 / 행 9:10-22
영광을 감추신 인자=예수님 / 막 8:22-38

(12) 언어 장애 환자
(수화로) 새 노래로 노래하라 / 시 149:1-9

(13) 이비인후과 환자
이방의 빛이 되시는 예수님 / 막 7:24-37

(14) 응급실 환자
생명력 있는 믿음 / 마 17:14-20

(15) 교통 부상자
노여움은 잠깐 은총은 평생입니다 / 시 30:1-12
감찰하시는 하나님께 기도하세요 / 시 139:1-24
나의 주님을 사모하세요 / 시 143:1-12

(16) 오랜 지병 환자
내가 약할 그 때에 / 고후 12:7-10
때를 기다리는 시인(詩人) / 시 13:1-6
금은보다 귀한 말씀은 언약입니다 / 시 119:1-176
은혜 받은 자의 사명 / 눅 8:22-39

(17) 수술 직전·후 환자

다윗 왕의 찬양생활 / 삼하 22:1-51
그리스도와 함께 일어나세요 / 아 2:1-17

(18) 정신질환자
속 사람의 거룩함 / 벧전 1:13-25
나를 불쌍히 여기라 / 욥 19:1-29
사람을 더럽게 하는 것 / 막 7:1-23
나의 영혼이 떨리나이다 / 시 6:1-10
우리의 상담자는 예수님이십니다 / 레 14:1-57

(19) 유전 환자
내 영혼이 여호와를 자랑합니다 / 시 34:1-22

(20) 천재지변, 전쟁
슬프다! 황폐한 예루살렘아… / 애 1:1-22
분별력이 마비된 허영심 / 왕하 20:1-21
생명의 원천(源泉) / 시 36:1-12
'아멘'하며 사세요 / 신 27:1-26
영원하고 안정된 처소가 있어요 / 사 33:1-24
여호와 앞에 행하십시오 / 시 116:1-19

제4부 • 신앙생활 권면심방

(1) 초신자

고상한 지혜를 사모하세요 / 잠 24:1-34
돈입니까, 하나님입니까? / 마 6:19-34
신앙과 불신앙 / 마 16:1-20
변하여 새 사람이 되라 / 삼상 10:1-27
마음과 영을 새롭게 / 겔 18:1-32
뜻한 바가 아니니라 / 렘 19:1-15
마음을 찢어라 / 욜 2:1-32
하나님 나라를 섬기는 자 / 눅 8:1-21

(2) 믿음을 버린 자
여호와를 경외하십시오 / 사 50:1-11
여호와를 거역하지 마세요 / 민 14:1-45
여호와는 그의 기념 칭호 / 호 12:1-14
예배자의 시간을 지켜보세요 / 겔 46:1-24
예배 진행의 은혜와 영광 / 대하 7:1-22
성막의 제조 / 출 26:1-37

(3) 믿음이 흔들리는 자
한 포도나무를 심으신 하나님 / 시 80:1-19
예수님의 얼굴을 바라보세요 / 마 17:1-13
하나님께 굴복하는 사람들 / 사 19:1-25
주와 그리스도 / 행 2:25-36
하나님을 훼방하는 사람들 / 대하 32:1-33

(4) 기도생활에 게으른 자

하나님의 때와 기도 / 행 7:30-43
기도와 응답은 약속의 법칙입니다 / 렘 15:1-21
다니엘의 기도를 배우세요 / 단 9:1-27
은혜를 잊어버리지 마세요 / 신 4:1-49
어떻게 기도할 것인가? / 마 6:9-18

(5) 거짓신앙에 빠진 자
좁은 문으로 들어가라 / 눅 13:22-35
말씀 중심의 생활을 하세요 / 슥 5:1-4
생명의 떡 / 요 6:22-51
믿음의 경주자 / 히 12:1-8
엠마오로 가는 길 / 눅 24:13-35
잘못된 지도자의 모습 / 마 23:1-22
종교 혼합주의 / 행 17:16-34

(6) 술과 방탕에 빠진 자
선행의 삶을 위하여 / 벧전 2:11-17
빛과 소금의 사명 / 마 5:13-20
거룩함을 좇으라 / 히12:!4-24
며느리와 시부의 간음사건 / 창 38:1-30

(7) 세상만 따르는 자
겸손하신 메시야를 믿으세요 / 슥 9:9-17
강포함을 버린 사람들처럼 삽시다 / 나3:1-19
천국의 확장 / 막 4:21-41

고통의 시간을 이겨 보세요 / 시 88:1-18
감사한 표현을 하세요 / 시 56:1-13

(8) 죄에 빠진 자
무슨 말을 해야 할까? / 엡 4:25-32
스스로 더럽히지 마라 / 레 18:1-30
단호한 결단 / 행 4:13-22
하박국의 질문과 하나님의 답변 / 합 1:1-17
사람이 권세를 의지한 죄 / 대하 16:1-14
푸른 감람나무 / 시 52:1-9

(9) 회개하기 원하는 자
기가 막힐 웅덩이는 메꿔집니다 / 시 40:1-17
진실한 회개를 하세요 / 렘 3:1-25
최후의 경고 / 렘 13:1-27

(10) 열심이 식은 자
거룩한 이름을 위해 열심을 내세요 / 겔 39:1-29
이름값, 바벨탑을 철거하세요 / 창 11:1-9
그는 흥하고 나는 쇠하여야 하리라 / 요 3:22-36
의인은 종려나무와 같습니다 / 시 92:1-15

제5부 • 교회생활에 실패한 자 심방

(1) 교회를 부인하는 자
거꾸러진 사울을 선택하셨어요 / 행 9:1-9
주께서 보시는 관점 / 욥 10:1-22
몰아내지 아니하면 / 민 33:1-56
어두움의 권세에서 벗어나세요 / 눅 22:47-71
속임으로 얻은 종살이 / 수 9:1-27
사랑을 받아들이세요 / 말 1:1-5
하나님의 백성 / 사 27:1-13
화 있을진저 / 눅 11:37-54
바로의 완악과 재앙의 시작 / 출 7:1-25
행한 대로 갚으심 / 행 9:23-31

(2) 교회 출석을 게을리 하는 자
줄기와 가지 / 요 15:1-27
강물의 근원, 예수님을 믿으세요 / 겔 47:1-23
내가 쉬면 더욱 힘들어집니다 / 사 62:1-12
하나님의 기다림 / 호 5:1-15
지혜가 우리를 부르는 소리 / 잠 8:1-36
목장으로 돌아오게 하리라 / 렘 50:1-20
여호와의 이름을 부르세요 / 습 3:1-20
기쁨의 축복을 받으십시오 / 습 2:1-15
임마누엘의 날개를 생각하세요 / 사 8:1-22
세월을 아끼는 자 / 엡 5:15-21
사랑의 행진 / 아 3:1-11
소금을 치라 / 레 2:1-16

예루살렘에 남으세요 / 사 4:1-6
여호와의 전에는 들어가지 아니하였고 / 대하 27:1-9

(3) 교우 간에 불화한 자(인간관계)
하나님과 화목하고 평안하세요 / 욥 22:1-30
믿음으로 용서하는 요셉 / 창 45:1-28
내가 진정 용납할 것은 무엇입니까? / 고후 11:1-4
용서의 기도 / 행 7:54-60
의사소통의 장애요소 / 욥 18:1-21
멸망하는 이유 / 에 9:1-32
훈계를 좋아하는 사람 / 잠 12:1-28
두로의 사악한 이기심을 버립시다 / 겔 26:1-21
영원히 주께 감사하세요 / 시 79:1-13

(4) 자랑하는 자
사사 입다의 자기과신 / 삿 11:1-40
나는 의인, 타인은 죄인이 아니지요 / 롬 14:7-12
소경과 같은 지도자 / 마 22:23-46
하나님의 영광을 가로채는 죄 / 행 12:20-25
하나님의 영광이 떠나면 / 삼상 4:1-22
악성 종양과 같은 습관 / 삿 8:1-35
여호와를 의지하십시오 / 시 115:1-18
요셉은 꿈풀이의 명수 / 창 40:1-23
유다 왕국의 몰락 노래가 있습니다 / 겔 19:1-14
사모하는 마음 / 시 130:1-8

(5) 외식하는 자
다윗과 밧세바의 만남 / 삼 11:1-27
마음과 귀의 할례 / 행 7:44-53
산 자의 하나님 / 막 12:18-34
가르치시는 하나님께 배우세요 / 시 16:1-11
부정한 사람이 만진 것 / 민 19:1-22
선지자 하나냐의 패역한 말 / 렘 28:1-17
주님의 부활과 명령 / 마 28:1-20

(6) 헌금에 시험 든 자
멍에를 벗기는 사랑의 줄 / 호 11:1-12
슬프다 이스라엘이여 / 사 29:1-24
탐욕이 낳은 실패 / 수 7:1-26
에바 속의 두 여인과 그 의미 / 슥 5:5-11
분배의 원리와 마무리 / 수 19:1-51
밤중에 주를 묵상할 때 / 시 63:1-11
찬송하기를 잊지 말지니라 / 욥 36:1-33

(7) 지도자를 거역하는 자
말씀을 불신(不信)한 사람들 / 렘 43:1-13
바로 왕과 요셉의 만남 / 창 41:1-57
말씀을 무시하는 유다 / 사 28:1-29
무덤시장 애굽 / 겔 32:1-32
주의 말씀의 맛 / 시 199:81-128
언약궤를 들여다 본고로 / 삼상 6:1-21

나를 지켜보세요 / 나 1:1-15
하나님을 거스르지 마세요 / 대하 35:1-27
칠십 년 동안 섬기라 / 렘 25:1-38
유다가 받을 심판 / 렘 8:1-22
예루살렘의 멸망이유 / 왕하 25:1-30
금송아지를 만들면 우상입니다 / 출 32:1-35
이삿짐을 싸는 에스겔 / 겔 12:1-28

(8) 교회에 대해 불평하는 자
진정한 만족이 있습니까? / 시 17:1-15
거룩하신 지혜를 아는 가족입니까? / 잠 9:1-18
분수에 넘친 사람들 / 민 16:1-50
무너진 천막을 일으키고 / 암 9:1-15
중심(中心)의 교만이 패망의 원인입니다 / 욥 1:1-21
역사의 끝날 / 대하 36:1-23
설교 듣는 요령 / 대하 6:1-42
시온을 기억하며 울었도다 / 시 137:1-9
범죄와 심판 / 렘 9:1-26
벧엘의 기적과 야곱 / 창 28:1-22

(9) 신앙의 동요가 있는 자
나는 하나님의 백성입니다/ 호 2:1-23
경건의 양면성 약 1:19-27
또 다른 의미에서 / 고후 6:11-18
심비(心碑)에 기록된 말씀 / 히 8:8-13

사울 왕의 실패 원인 / 대상 10:1-14
베푼 은혜를 생각지 아니하고 / 대하 24:1-27
겸손은 인내와 형통의 길입니다 / 잠 16:1-33
스스로 구원하라 / 렘 51:33-64
예레미야의 기도와 탄원(歎願) / 렘 37:1-21
엘리사의 마지막 교훈 / 왕하 13:1-25
오실 메시야의 목자 사역 / 슥 11:1-17

(10) 각종 회의중 시험든 자
다수의 횡포 / 눅 15:1-20
모든 사람과 화평의 삶을… / 롬 12:41-21
여호람의 일생 / 대하 21:1-20
스스로 지혜롭게 여기지 말라 / 잠 26:1-28
여호와를 향한 바벨론의 교만 / 렘 50:21-46
분명한 자세 타협의 허점 / 수 16:1-10
성신의 마음 부드러운 마음/ 겔 11:1-25
사모(思慕)하는 처음 익은 무화과 / 미 7:1-20
주의 영광을 나타내소서 / 시 90:1-17
도전과 응전 / 마 21:23-46

제6부 • 직업형편심방

(1)관리인
서기관들의 잘못된 점 / 막 12:35-44

(2) 세무 공무원
산 자의 하나님 / 눅 20:19-47
응답 받는 기도 / 눅 18:1-14
(3) 법조인
죄를 처리하는 순서 / 대하 19:1-11
(4) 정치가
어리석음의 결론 / 왕상 14:1-31
경고를 듣지 않는 아마샤 왕 / 대하 25:1-28
통치자의 책무(責務) / 잠 25:1-28
(5) 경제인
열매 없는 무화과 / 눅 13:1-21
공의(功議)를 잃지 마십시오 / 미 3:1-12
(6) 언론인 · 출판 · 미디어 · 방송
깨닫는 지혜자가 되십시오 / 호 4:1-19
가지지 못했다는 이유만으로 / 약 5:1-6
(7) 스포츠 체육인
속임수와 야곱 / 창 27:1-46
광야에서도 성실하십시오 / 출 16:1-36
심령으로 찬양하리로다 / 시 108:1-13
시온에서 안일(安逸)한 백성들 / 암 6:1-14
(8) 농업 · 목축
악한 농부 비유 / 막 12:1-17
(9) 임업/ 목재 · 목수
찍힐지라도 다시 움이 나서 / 욥 14:1-22
현재에 최선을 다하세요 / 전 3:1-22

(10) 유통 상업
유무상통 / 행 4:32-37
(11) 제조업
세상에 오실 그 선지자 / 요 6:1-21
(12) 노동 / 부동산 건설업
하나님의 감찰 / 욥 7:1-21
증거와 계약의 원칙 / 수 4:1-24
권력의 무상함 속에서 영원을 사모합시다 / 단 11:1-27
(13) 의사 · 간호사 · 병원 종사자
여호와의 일을 선포하세요 / 렘 51:1-32
(14) 증권, 은행, 경제
전성기 시대의 관리론 / 왕상 10:1-29
(15) 교육자 (유치, 선교, 초, 중 · 고 · 대학 교수)
최후에 쓰는 이력서 / 삿 12:1-15
극상품 포도나무에 거름을 주세요 / 사 5:1-30
(16) 조선업
광야의 광풍 속에서도 감사해요 / 시 107:1-43
(17) 어부 · 어업
찾아오신 예수님 / 마 4:12-25
(18) 학원 · 과외
재물을 의뢰하지 마세요 / 렘 49:1-39
(19) 국방 · 군인
충신은 누구인가? / 삼하 16:1-23
(20) 금은보석 · 시계, 광업, 귀금속
주를 경외함이 지혜요 / 욥 28:1-28

(21) 환경, 정화, 폐수
거룩한 목표를 세우세요 / 사 6:1-13
(22) 자동차 교통・운수업
새벽에 일어나라 / 삼상 29:1-11
(23) 예술인
종교적 역할과 예술문화 / 왕하 15:1-38
(24) 첨단과학・컴퓨터・정보산업
영생과 재물 / 막 10:17-31
(25) 무역업
일을 끝내는 지혜 / 대상 20:1-8
(26) 행정자치부
다윗 왕의 후계자 솔로몬 / 왕상 1:1-53
(27) 피부・미용・비만
이상적인 삶의 모습을 그려 보세요 / 전 9:1-18
잃은 것과 얻은 것의 축제 / 수 5:1-15
(28) 호텔・관광 서비스업
하늘의 하나님 / 시 53:1-6
(29) 디자인, 인테리어
시작하는 7가지 비결 / 창 1:1-31
(30) 배달업・택배
치밀한 추진력으로 목표지점에 도착하세요 / 수 3:1-17
(31) 편지・우체국
공정한 심사를 베푸십시다 / 출 23:1-33
(32) 요식업
최선의 선택을 지향하라 / 대하 10:1-19

애굽에서의 처세술 / 창 47: 1-31

(33) 패션 · 의류업

제사장의 구별된 차림 / 출 28:1-43

좀먹은 의복 / 욥 13:-1-28

(34) 자원봉사자 / 자영업

자원하는 자에게 내리는 복 / 느 11:1-36

꿈꾸는 사람이 되십시오 / 창 37:1-36

긍휼히 여김을 받으십시오 / 사 14:1-32

경영하신 하나님을 존경하십시오 / 사 22:1-25

(35) 철도 · 전철

배짱과 소신 있는 지도자 / 수 1:1-18

돈의 사용법 / 신 14:1-29

생명과 재물 / 시 49:1-20

(36) 항공 · 서비스업

오늘이 즐거운 이유가 많습니다 / 시 97:1-12

(37) 특허/발명

영적 기초를 확인하세요 / 시 111:1-10

나의 근심을 고백하세요 / 시 64:1-10

(38) 주류 · 기름

재물의 바른 사용 / 막 14:1-11

(39) 식품 · 음료 · 생수업

여호와의 것을 구별하세요 / 사 23:1-18

근면과 자족의 습관을 만드세요 / 전 4:1-16

제7부 • 연령별 가족심방

(1) 노인 계신 대가족
회개와 말년의 복 / 욥 42:1-17
벌레와 구더기 같은 인생 / 욥 25:1-6
노년의 봉사 / 눅 2:21-39
사가랴의 불신앙 / 눅 1:1-25
종말의 징조/ 마 24:1-31

(2) 장년 가족
므낫세의 불신과 불효 / 왕하 21:1-26
사랑이여 영원하라 / 아 8:1-14
하나님의 신비한 섭리 / 전 8:1-17
하나님의 영광이 머물 때 / 겔 10:1-22
쾌락과 부귀도 헛되도다 / 전 2:1-26

(3) 부녀
두 과부의 행복한 찬송 / 룻 4:13-22
신실하지 않은 이스라엘 / 렘 2:1-37
성경의 근본적 여성관 / 딤전 5:9-16
불신자보다 더 악한 자 / 딤전 5:1-8
사특한 마음을 주의할 것 / 시 101:1-8
사탄의 음란작전 / 잠 7:1-27

(4) 청년부 가족
신부와 신랑의 사랑 / 아 1:1-17
마음의 동기와 선택 / 창 4:1-26
청년이여, 창조자를 기억하라 / 전 12:1-14
하나님께서 주신 성적표 / 왕하 23:1-37
잠자기를 좋아하지 마세요 / 잠 20:1-30
압살롬의 반란 / 삼하 15:1-37

(5) 고등부 가족
하나님의 마음에 합한 사람 / 행 13:13-23
하나님께서 뽑으신 네 소년 / 단 1:1-21
성적 유혹의 퇴치요령 / 창 34:1-31
하나님의 질문 / 욥 38:1-41
진리의 나팔을 불어 보세요 / 습 1:1-18
아름다운 우정을 표현하세요 / 잠 27:1-27

(6) 중등부 가족
왕이신 하나님께 복종하세요 / 시 47:1-9
므낫세와 그의 아들 아몬 왕 / 대하 33:1-25
풀무불과 신의 아들 / 단 3:1-30

(7) 소년 · 소녀 가족
제사장이 되려는 소년 / 삿 17:1-13

(8) 초등 어린이 가족

주의 종이 듣겠나이다 / 삼상 3:1-21

(9) 유치부 가족
새 사람을 입으라 / 엡 4:17-24
나를 지도한 경건한 사람 / 왕하 22:1-20
소망의 인내 / 살후 1:1-5

(10) 영아부 가족
말씀을 내 마음에 / 시 119:1-40
사랑 입은 자녀답기 / 엡 5:1-5
약한 자의 하나님 / 막 10:1-16

제8부 • 생활형편 심방

(1) 집을 건축한 형편
사전에 준비하시는 하나님 / 창 22:1-24
필요를 채워주시는 주님 / 마 14:13-21
모세의 중재 기도 / 출 33:1-23
(2) 아파트 입주 형편
말씀하신 새 날 / 슥 8:1-23
새로 만든 돌판 / 출 34:1-35
새벽에 하나님이 도우리라 / 시 46:1-11
(3) 이사 형편
외모로 판단치 말라 / 요 7:1-24

벧엘의 생활 요령 / 창 35:1-29
여호와께서 네게 구하시는 것 / 미 6:1-16
(4) 경제 형편
솔로몬 왕의 시대 / 왕상 4:1-34
빚을 진 사람들 / 신 15:1-23
원수를 갚으시는 하나님을 믿으세요 / 겔 25:1-17
(5) 영업 형편
여호와를 사랑으로 섬겼습니까? / 말 3:1-18
우매한 여인들의 가증한 말들 / 렘 44:1-30
섬기러 오신 예수님 / 마 20:17-34
(6) 교육비 형편
겸손한 자에게 은혜를 주셔요 / 약 4:1-10
행진나팔을 부세요 / 민 10:1-36
화평한 사람의 결국 / 시 37:1-40
(7) 문화 생활 형편
입술의 열매를 짓는 하나님이십니다 / 사 57:1-21
증인이 되리라 / 행 1:6-14
불신자처럼 뛰놀지 말라 / 호 9:1-17
(8) 곤고한 형편
배상과 인간관계 / 출 22:1-31
소망을 주려는 생각 / 렘 29:1-32
생각이 많을 때에 / 시 94:1-23
감찰하시는 하나님을 믿읍시다 / 창 26:1-16
(9) 기업 형편
상징예언 / 겔 4:1-17

헛된 관계를 정리하세요 / 스 10:1-44
우리의 날을 다시 새롭게 하세요 / 애 5:1-22
(10) 땅 형편
나봇의 포도원 사건을 확인하세요 / 왕상 21:1-29
우리는 그의 기르신 양입니다 / 시 100:1-5
재물에 대한 애가 / 겔 27:1-36

제9부 • 가정환경조사심방

(1) 심령이 가난한 가정(기도)
하나님의 가정입니까? / 잠 19:1-29
구하세요 / 눅 11:1-13
승리의 기도를 하세요 / 막 14:32-52
묵상의 파수꾼이 되십시오 / 사 21:1-17
(2) 애통하는 가정(불화)
대화를 자주 하십시오 / 겔 3:1-27
가정에 없는 것을 찾아보십시오 / 호 3:1-5
그 영광은 하늘 위에 있어요 / 시 113:1-9
행위에 관한 규례를 알려 드립니다 / 출 21:1-36
(3) 온유한 가정(가족전체신앙)
결실할 것입니다 / 막 4:1-20
나를 붙드시는 분은 여호와이십니다 / 시 3:1-8
책임을 다하세요 / 사 3:1-26
순전함을 버리지 않을 것이라 / 욥 27:1-23

하나님께서 명하신 대로 준행한 가족 / 렘 35:1-19
(4) 의에 주리고 목마른 가정(가족일부신앙)
언약과 계명을 기억하세요 / 신 5:1-33
부모 노릇 / 삿 13:1-25
구별된 위기와 결별하세요 / 출 8:1-32
팔을 꺽으신 하나님/ 겔 30:10-25
(5) 긍휼이 필요한 가정(불효하는 가족)
지혜는 생명의 근원 / 잠 4:1-27
복음적인 자녀교육 / 신 11:1-32
앞서가시는 하나님이 책임지십니다 / 출 13:1-22
우리 짐을 지시는 주님이십니다 / 시 68:1-35
(6) 이산가족, 별거, 이혼(흩어진 형편)
서로 왕래(往來)하라 / 겔 35:1-15
다윗 일가의 혼돈상태 / 삼하 13:1-39
민족 공동체의 친절 / 신 24:1-22
집을 잘 지키세요 / 렘 22:1-30
아버지의 사랑 / 눅 15:11-32
(7) 마음이 청결한 가정(행복한 신혼, 사랑)
가정의 파괴 / 마 19:1-12
서원하는 법 / 민 30:1-16
꿀 속에 담긴 독을 조심하세요 / 삿 14:1-20
여자의 재산 상속법 / 민 36:1-13
(8) 화평케 하는 가정(시부모, 친부모 섬김)
나의 화평을 건축하세요 / 시 120:1-7
화해하는 방법 / 창 31:1-55

어머니의 하나님이 나의 하나님 / 룻 1:15-22
나에게 남아있는 것 / 왕하 24:1-20
(9) 핍박받는 가정
두 무리 / 마 12:38-50
다윗에게 지혜로운 아비가일 / 삼상 25:1-44
아하시야의 어머니 아달랴 / 대하 22:1-12
여호와를 떠난 것이 행음입니다 / 호 1:1-11
의인은 반드시 승리합니다/ 시 58:1-11
하나님께서 아끼시는 것들 / 욘 4:1-11
피할 길을 열어주시는 하나님 / 마 2:13-23
택한 자의 지팡이에 싹이 나고 / 민 17:1-13
(10) 기뻐하고 즐거운 가정
고난의 의미를 알지요 / 빌 1:27-30
(11) 착한 행실이 열린 가정
약속을 지키는 백향목 가족이 됩시다 / 겔 17:1-24
가난한 자를 돌아보세요 / 잠 28:1-28
나의 힘은 여호와 이름입니다 / 렘 16:1-21
예수님을 기다리세요 / 막 13:14-37
(12) 감사의 행복을 받은 가정
준비된 자만 신랑을 봅니다 / 마 25:1-13
참된 이웃과 은혜를 나누세요 / 눅 10:21-42
의로운 해, 치료의 광선 예수여! / 말 4:1-6
잃은 자를 찾은 기쁨을 얻으세요 / 눅 15:1-10
여호와는 내 편이 되십니다 / 시 118:1-29
용서, 믿음, 겸손, 감사의 복 / 눅 17:1-19

제10부 • 등록 및 전도목적심방

(1) 소극적인 자
와 보라! / 요 1:35-51
진리가 자유케 하리라 / 요 8:31-59
마지막 때의 징조 / 막 13:1-13
마음의 중심을 보시는 하나님 / 살전 2:1-8\
기록된 죄를 살펴 보십시오 / 렘 17:1-27
(2) 회의적인 자
다죄다은(多罪多恩) / 눅 7:36-50
인간의 모습으로 나타난 신입니다 / 행 14:8-18
불신자가 의지하는 등불 / 욥 21:1-34
또 다른 율법은 믿음의 법입니다 / 갈 2:15-21
가장 고통스러운 곳에서의 기도와 찬양 / 행 16:19-40
(3) 부정적인 자
말씀이 하나님이시다 / 요 1:1-14
부자와 나사로 / 눅 16:19-31
주의 이름으로 오시는 왕이여 / 눅 19:28-48
와 보라 이는 그리스도가 아니냐 / 요 4:27-42
(4) 우상숭배, 미신, 악습에 빠진 자
죄를 회개합시다 / 겔 8:1-18
우상숭배와 참 예배 / 렘 10:1-25
바벨론 우상의 멸망 / 사 46:1-13
사울의 불안감 / 삼상 28:1-25

하나님의 절대주권 / 전 6:1-12
구원받은 자 / 마 11:20-30
빼앗긴 직분 / 행 1:15-26
오직 예수 / 행 4:1-12
(5) 두려워하는 자
핍박으로 인한 복음 확산 / 행 8:1-13
언약을 담대하게 믿으세요 / 출 6:1-30
용서의 하나님이십니다 / 사 43:1-28
(6) 교회 등록 거부자
양떼를 모아 봅시다 / 미 2:1-13
생명의 길과 사망의 길 / 렘 21:1-14
만날 만한 때에 찾으라 / 사 55:1-13
겸손한 자의 소원은 들어주십니다 / 시 10:1-18
하나님 앞에 있나이다 / 행 10:24-33
여호와는 백성의 피난처 되십니다 / 욜 3:1-21

제11부 • 수감자 · 교정심방

(1) 하루의 시작
골방기도를 하십시오 / 겔 41:1-26
놀라운 사랑은 내 곁에 있어요 / 사 48:1-22
고난을 받아들이는 태도 / 벧전 1:1-12
새롭게 하소서 / 시 51:1-19
생존 원리 / 욥 39:1-30
아름다운 옷을 입은 여호수아 / 슥 3:1-10

유일하게 사는 길 / 신 30:1-20
잠잠히 기다림이 좋습니다 / 애 3:1-39
주는 나의 피난처이십니다 / 시 142:1-7
찾으라 그리하면 살리라 / 암 5:1-27
포로들의 기쁨과 슬픔 / 스 2:1-70
하나님을 신뢰하세요 / 사 30:1-33
하나님의 받으시는 사람 / 행 10:34-48

(2) 유혹환경

결백을 사랑하십시오 / 대하 8:1-18
살인과 간음 / 마 5:21-32
선지자의 탄식 / 렘 4:1-31
십계명을 주시는 하나님 / 출 20:1-26
역사의 교훈을 이해합시다 / 시 78:1-72
최후에 사는 두 사람 / 민 26:1-65
하나님의 언약을 범한 너희들 / 렘 34:1-22

(3) 미움 반성

나도 너를 정죄하지 아니하노니 / 요 8:2-30
노(怒)하시는 날도 있습니다 / 사 13:1-22
서너 가지의 죄의 목록 / 암 2:1-16
온 세상의 기쁨을 주시는 하나님이십니다 / 시 48:1-14
이스마엘이 벌인 살인극 / 렘 41:1-18
진실한 증인 요나단과 미갈 / 삼상 19:1-24
하나님의 심판 / 사 47:1-15
하나님은 심판장 / 시 50:1-23

(4) 억울함

베냐민 지파의 폭력행위 / 삿 19:1-30
시련의 깊은 뜻 / 신 8:1-20
야고보의 순교와 베드로의 투옥 / 행 12:1-19
언약을 어긴 이스라엘 / 렘 11:1-23
오해를 해결하려는 자세 / 수 22:1-34
용서받지 못할 죄 / 마 12:22-37
위대하신 하나님께 고백하세요 / 시 77:1-20
최후의 심판 / 사 34:1-17
하나님은 공평한 재판장이십니다 / 시 82:1-8
(5) 위로와 격려
바람을 잡으려는 인생 / 전 1:1-18
아침과 같이 될 것이요 / 욥 11:1-20
여호와의 소리와 그의 영광 / 시 29:1-11
충실함을 신속히 행하라/ 사 16:1-14
하나님의 변호 / 시 43:1-5
허물과 수치를 가리세요 / 미 1:1-16
(6) 배신감 정리
말씀이 주는 평안 / 신 119:129-176
무죄자를 유죄자로 만들었어요 / 눅 23:1-12
여자의 힘은 무서워요 / 막 6:14-29
헛된 도움을 원치 마세요 / 애 4:1-22
하만의 흉계 / 에 3:1-15
(7) 고독 · 우울
도와줄 자를 다 끊어 버리시는 날 / 렘 47:1-7
빌라도의 처형 결정 / 눅23:13-31

여호와 앞에 무릎을 꿇어 보세요 / 시95:1-11
은혜로운 도피성 / 수 20:1-9
이스라엘아 두려워 말라 / 사 41:1-29
(8) 재판 계류
나는 어떤 포로입니까? / 왕하 16:1-20
불법 재판 / 막 14:53-72
심판 / 왕하 1:1-18
재판 받는 왕 / 요 18:19-40
하나님은 의로우신 재판장 / 시 7:1-17
(9) 전도
나는 두 주인을 섬겼는가 / 왕하 17:1-41
내가 미련하였습니다 / 대상 21:1-30
내 일을 하나님께 의탁하리라 / 욥 5:1-27
교정 교육을 받으세요 / 막 9:33-50
(10) 출소, 가족 안정
무엇보다 복을 주소서 / 수 15:1-63
아름다운 소식이 있는 날 / 왕하 7:1-20
주의 기사를 전파하나이다 / 시 75:1-10
족쇄를 풀어주는 사람 / 왕하 18:1-37
언약 / 왕하 11:1-21

제12부 • 군인가족심방, 군목, 군종심방사역, 군복음화 후원회

(1) 믿음 성장을 위하여
누가 원수를 사랑할까요 / 시 83:1-18
더불어 화목하라 / 대상 19:1-19
빛이 열매를 맺는 삶 / 엡 5:6-14
새벽이슬 같은 주의 청년 / 시 110:1-7
성전을 향하여 경배하리! / 시 5:1-12
하나님은 나의 돕는 자 / 시 54:1-7
하나님께서 회복시킬 의(義) / 욥 33:1-33
(2) 입대
벗었으나 부끄럽지 아니함은 / 골 3:5-11
하나님의 이름으로 네게 가노라 / 삼상 17:1-58
하나님의 사람 / 삼상 9:1-27
하나님의 군대로 뽑힌 젊은이들 / 민 1:1-54
(3) 훈련 · 인내심
내 번민도 아셔요 / 단 7:1-28
다윗 왕의 전투생활 / 삼하 23:1-39
성막 중심의 행군순서 / 민 2:1-34
치욕의 십자가 / 마 27:27-44
(4) 작전 · 출병
모세와 여호수아의 전적보고서 / 수 12:1-24
세바의 군사 쿠데타 / 삼하 20:1-26
승리(땅)의 도움자 / 신 9:1-29
정확한 믿음의 보고 / 민 13:1-33
하나님의 군대 / 대상 12:1-40
(5) 휴가 · 귀대

목적 / 삼하 10:1-19
보리떡 한 덩어리의 위력 / 삿 7:1-25
행정의 책임과 조직 / 대상 27:1-34
(6) 전우애
민족적 분쟁 / 왕하 14:1-29
선대(善待)받은 예레미야 선지자 / 렘 39:1-18
하나님은 나의 산성 / 시 59:1-17
하나님 앞에 의로우랴 / 욥 9:1-35
(7) 전도
주의 입에 말씀 / 시 138:1-8
전능자께서 주신 총명(聰明) / 욥 32:1-22
(8) 전쟁과 포로
예루살렘 포위 예고 / 렘 6:1-30
이스라엘 내적 전쟁준비 / 삿 20:1-16
전쟁과 평화 / 신 20:1-20
(9) 승전 · 패전
베냐민 지파의 완전한 패배 / 삿 20:24-48
승리의 찬가 / 출 15:1-27
앗수르의 공격을 이겨내세요 / 사 36:1-22
저주받은 아합 왕 / 왕상 20:1-43
철저한 멸절 / 왕하 10:1-36
칼과 창을 의지한 사울 왕 / 삼상 13:1-23
하늘의 네 병거(兵車)의 바람 / 슥 6:1-8
(10) 장교 · 진급
왕을 영접하는 사람들 / 삼하 19:1-43

이스라엘에 왕이 없으므로 / 삿 21:8-25
이 산지를 내게 주소서 / 수 14:1-15
하나님이 복을 주시리니 / 시 67:1-7
(11) 제대 / 전역
갈릴리 바닷가의 추억이 있어요 / 요 21:1-14
왕을 섬기는 방법 / 삼하 3:1-39
하나님께서 아시는 체질 / 시 103:1-22
(12) 군인가족생활
구원의 복음에 주의하는 신앙 / 히 2:1-4
형통하기를 원한다면… / 대하 13:1-22
최선의 삶을 살아라 / 대하 9:1-31

제13부 • 봄 • 가을 대심방

(1) 천국에 들어갈 자
천국에 들어갈 자 / 눅 18:15-30
고넬료의 신앙을 배우세요 / 행 10:1-8
여호와여! 도우소서 / 시 12:1-8
새벽을 깨우리로다 / 시 57:1-11
문제를 통과하는 지혜 / 신 2:1-37
광명을 사랑합시다 / 욥 24:1-25
(2) 영적생활 축복
그가 채찍에 맞음으로 행복합니다 / 사 53:1-12
마음을 힘있게 하는 양식 / 시 104:1-35

사랑은 형통(亨通)의 묘약 / 시 122:1-9
여호와는 나의 목자 되십니다 / 시 23:1-6
진리의 영 / 요 14:16-31
하나님은 광대(廣大)하십니다 / 시 70:1-5
(3) 가정생활 축복
마음의 즐거움 / 잠 15:1-33
선하고 아름다운 복 / 시 133:1-3
여호와는 나의 힘과 나의 방패 / 시 28:1-9
용서와 사랑을 합시다 / 막 2:1-17
환희의 날 / 사 35:1-10
(4) 이웃생활 축복
구원은 귀한 보물인줄 믿습니까? / 시 140:1-13
믿음의 응답 / 수 21:1-45
시온이여 깰지어다 / 사 52:1-15
얼굴이 천사의 얼굴 같아요 / 행 6:8-15
인생을 의지하지 마십시오 / 사 2:1-22
하나님의 바람 / 호 6:1-11
(5) 교회생활 축복
구원 선포는 소중한 재산입니다 / 사 45:1-25
나의 빛 나의 구원은 이루어집니다 / 시 27:1-14
생명의 떡과 바리새인의 누룩 / 막 8:1-21
성전을 향하여 손을 들어라 / 시 134:1-3
여호와의 열심을 배우세요 / 사 9:1-21
크고 두려운 이름 / 시 99:1-9
(6) 기업, 가업 축복

다시 찾은 감사 / 빌 1:19-26
다윗의 배고픈 시절 / 삼상 21:1-15
고난은 회복을 위한 몸부림입니다 / 사 26:1-21
섬김의 돌 / 수 24:14-33
일어나 빛을 발하세요 / 사 60:1-22
찬송함이 아름답고 마땅하도다 / 시 147:1-20
(7) 예수를 사랑하는 마음이 없는 자
구원의 하나님을 기억하십시다 / 사 17:1-14
내 기도의 특권을 누리세요 / 시 141:1-10
담대하라 / 요 16:16-33
복(福)의 근원이 될 조건 / 창 12:1-20
우리가 받을 복이 있습니다 / 학 2:10-23
주의 성실을 기억하세요 / 시 98:1-9
(8) 낙심했다가 돌아온 자
내가 약할 때 소망은 자랍니다 / 잠 30:1-33
나에게서 나는 향기는 무엇일까요? / 고후 2:12-17
보아스와 과부 룻의 하나님 / 룻 2:14-23
여호와 하나님의 은사(恩賜) / 렘 31:1-40
여호와는 중심을 보느니라 / 삼상 16:1-23
(9) 타락한 교인
너 하나님의 사람아 / 딤전 6:11-21
넘어졌으면 다시 일어나세요 / 겔 31:1-18
부흥시켜야 할 요소 / 느 13:1-31
손님으로 나타나시는 하나님 / 창 18:1-33
진흙이 토기장이 손에 있어요 / 렘 18:1-23

(10) 먼 거리에 있는 자
기도를 항상 힘쓰라 / 골 4:2-6
나의 신앙 고백을 노래하세요 / 단 4:1-37
비파와 수금으로 찬양하라 시 150:1-6
순종이 제사보다 낫고 / 삼사 15:1-35
우리의 왕 다윗 / 삼하 2:1-32
(11) 제물로 인하여 핑계하는 자
곤고(困苦)한 꽃이 지면 열매 맺습니다 / 삿 10:1-18
기다리는 신앙 / 마 3:1-12
복된 평온함 / 잠 17:1-28
순종과 불순중의 결과 / 신 28:1-68
여호와께서 이기게 하신다 / 대상 18:1-17
(12) 무직을 염려하는 자
감사하고 기뻐하며 사십시오 / 시 9:1-20
긍휼을 얻은 까닭 / 딤전 1:12-20
복된 나라 그루터기 세상 / 사 65:17-25
선지자 나단 / 삼하 12:1-31
얼마나 복스러운 일인가? / 시 1:1-6

제14부 • 특별상황위로심방

(1) 교통사고
가장 고통스러운 곳에서의 기도와 찬양 / 행 16:19-40
나는 기도할 뿐입니다 / 시 109:1-31

어느 때 기도하였는가 / 왕하 19:1-37
여호와를 우러러 보라 / 슥 9:1-8
치료자 예수님 / 마 8:1-17
(2) 화재 당한 자
위로의 말을 하는 방법 / 욥 16:1-22
의인은 그 믿음으로 살리라 / 합 2:1-20
처음 익은 듯한 좋은 무화과 / 렘 24:1-10
채워 주시는 주님 / 막 6:30-44
하나님의 관심 / 창 8:1-22
(3) 수재민, 물난리
오직 그가 아시나니 / 욥 23:1-17
여호와의 날이 옵니다 / 욜 1:1-20
죽은 자를 살린 믿음 / 눅 8:40-56
자기 생명을 사랑함 같이 / 삼상 20:1-42
훈련시키시는 하나님 / 출 2:1-25
(4) 강도, 도둑 만난 자
울타리 같은 사람이 동역자입니다 / 시 62:1-12
위로의 주님 / 마 14:22-36
소 모는 막대기 / 삿 3:1-31
작은 일 / 왕하 3:1-27
하나님께 속한 오묘한 일 / 신 29:1-29
(5) 폭력, 테러 당한 자
겟세마네 동산 기도 / 마 26:36-56
성실한 자를 보호하시는 하나님 / 시 31:1-24
약한 자의 하나님 / 마 18:1-14

여호와여 이것을 기억하소서 / 시 74:1-23
주의 이름을 의지하라 / 대하 14:1-15
(6) 특수사기 당한 자
설 곳이 없는 깊은 수렁 / 시 69:1-36
여상(如常)하신 주님이십니다 / 시 102-28
영적 전쟁에서 승리하세요 / 막 9:14-32
육체의 병과 마음의 병 / 레 13:1-59
하나님을 힘있게 의지하세요 / 삼상 23:1-29
(7) 큰 재난, 환난 당한 자
여호와는 우리편이 되십니다 / 시 124:1-8
예수님의 부활하심을 믿으세요 / 눅 24:1-12
은혜의 훼방꾼 / 스 4:1-24
주의 구원의 능력으로 일어나세요 / 사 31:1-9
하나님은 참 신(神)이시라 / 스 1:1-11
(8) 사업에 실패한 자
사랑과 긍휼의 만남 / 눅 7:1-17
성공은 재도전의 증거 / 수 8:1-35
용기를 주시는 하나님을 믿으세요 / 사 44:1-28
이스라엘 지파의 패배원인 / 삿 20:17-23
하나님의 세미한 소리 / 욥 26:1-14
(9) 시험에 빠진 자
반석이 못이 되고 / 시 114:1-8
실족치 않는 복 / 눅 7:18-35
이스라엘의 위로자를 찾으세요 / 사 51:1-23
즐거운 소리 / 시 66:1-20

하나님의 임재를 느끼십니까? / 시 96:1-13
(10) 범죄하고 낙심한 자
불쌍히 여기소서 / 눅 18:31-43
모든 이김의 지도자 / 삼하 8:1-18
여호와의 손에 잡힌 옷을 입어요 / 사 59:1-21
여호와께서 우리를 도우셨다 / 삼상 7:1-17
흑암 중에 빛 / 시 112:1-10
(11) 핍박 받는 자
두려워하지 말라 / 눅 12:1-21
마귀의 세력을 물리치신 예수님 / 마 8:18-34
모든 환난에 동참하라 / 사 63:1-14
은혜를 받았거든 / 삼상 27:1-12
하나님을 바라보세요 / 시 123:1-4
(12) 근심과 염려에 빠진 자
납세자 예수 / 마 17:22-27
다윗이 용기 얻는 비결 / 삼상 30:1-30
믿음의 시험으로 생각하세요 / 마 15:21-39
회복된 이스라엘의 영광 / 사 54:1-17

제15부 • 교회 각기관, 부서별 심방, •헌신예배

(1) 교사회
교육은 견고해지는 길입니다 / 대하 17:1-18
말씀을 아이에게 가르치라 / 잠 22:1-29

우리는 하나님의 봉사자입니다 / 사 61:1-11
우리에게 필요한 인물 / 대하 2:1-18
헌신할 명단 / 대상 29:1-30
잘 하였다 착한 종이여 / 눅 19:11-27
(2) 남전도회
권세 있는 명령입니다 / 막 11:1-19
너희는 나를 누구라 하느냐 / 눅 9:18-36
일을 찾아보세요 / 시 105:1-45
최후의 만찬 / 눅 22:1-23
(3) 여전도회
마리아의 감사표현 / 요 12:1-19
부활의 증인 / 막 16:1-20
성도를 평안케 함 / 몬 1:1-7
여호와의 이름을 위한 일입니다 / 겔 20:1-49
(4) 찬양 및 성가대, 기악부
감사 찬송은 아름다운 일입니다 / 사 12:1-6
여호와의 집에서 일하였는가 / 대상 6:1-81
참된 예배와 기도 / 전 5:1-20
축하하는 찬양대원 · 기악합주부원 / 대상 25:1-31
(5) 청년회
그리스도의 피가 주는 의무 / 히 9:11-14
말씀을 옳게 분변하는 일꾼 / 딤후 2:14-21
믿음의 기쁨을 돕는 마음 / 고후 1:23-2:4
에스겔아 일어서라 / 겔 2:1-10
(6) 중 · 고등부 학생회

고난으로 커 가는 믿음의 키 / 벧전 4:1-11
교회 안에서 우리 모두는 형제입니다 / 롬 12:3-13
하나님의 글을 해독하세요 / 단 5:1-31
힛데겔 강변의 주님 / 단 10:1-21
(7) 당회
성령의 인도하심 / 행 8:26-40
올바른 역할이 필요해요 / 레 6:1-30
왜 불평을 하십니까? / 민 11:1-35
잠자는 교회 / 아 5:1-16
(8) 제직회 각 부서
성전 관리자/사찰 관리인/사무원 / 대상 26:1-32
솔로몬의 기쁨 / 왕상 8:1-66
풍족한 예물 / 출 36:1-38
성령 역사의 결과 / 행 2:37-47
청지기의 사명을 다하세요 / 눅 12:41-59
70인의 전도대 / 눅 10:1-20
(9) 각종 선교회
봉사의 정년퇴직 / 민 8:1-26
섬기기를 두려워하지 말라 / 렘 40:1-16
선택된 왕후 에스더 / 에 2:1-23
홍해를 건너가는 믿음 / 출 14:1-31
(10) 헌신예배
거짓말의 결과는 무서워요 / 행 5:1-11
궤를 기쁨으로 메십시오 / 삼하 6:1-23
다리오 왕을 굴복시킨 다니엘입니다 / 단 6:1-28

만군의 여호와께 드릴 예물 / 사 18:1-7
비전 있는 교회와 민족 / 잠 29:1-27
역설적 진리 / 마 16:21-28
엘리야의 기도생활 / 왕상 18:1-46
일을 행하시는 여호와 / 렘 33:1-26
재림을 준비하는 자세 / 마 25:14-30
직분은 하나님의 선물 / 민 18:1-32
측량줄을 잡은 자의 환상 / 슥 2:1-13

제16부 • 직분 임직자(중직자)심방

(1) 교역자심방
바르게 섬기는 모습 / 딤전 3:1-7
생명의 길, 멸망의 길 / 마 7:13-29
이론중지(異論中止) / 행 10:9-23
주님을 본받아 / 요 13:1-20
하나님께 무엇을 드리겠습니까? / 욥 35:1-16
(2) 장로/가족심방
모든 것이 백일하에… / 딤전 5:17-25
지도자의 행실규정 / 신 17:1-20
직분자의 자격 / 행 6:1-7
청지기 정신으로 살았는가 / 대상 7:1-40
할례자들의 고정관념이 깨어짐 / 행11:1-18
(3) 권사/집사 가족심방

나의 나 된 것은 주의 은혜입니다 / 롬 15:14-21
불의한 청지기 / 눅 16:1-18
생명의 주 / 행 3:11-18
주의 성산에 사는 사람 / 시 15:1-5
폐위된 왕후 와스디 / 에 1:1-22
(4) 구역장(속장), 권찰심방
권세 있는 새 교훈을 따르세요 / 막 1:21-45
나의 영이여, 깨어나라 / 고전 13:1-7
낮아지고 섬기는 마음을 가지셨나요? / 롬 16:1-7
여호와의 부탁을 받은 사람 / 레 8:1-36
예배 분위기의 중요성 / 대하 5:1-14
(5) 각 기관장심방
시간의 십일조 / 고후 9:12-15
준비 / 대상 22:1-19
참된 종 / 사 42:1-25
충성된 주님의 사신(使臣) / 잠 13:1-25
홍마 탄 사람의 말씀 / 슥 1:7-17

제17부 • 교회행사별심방

(1) 성전 건축/봉헌식
가까이 함이 당신에게 복입니다 / 시 73:1-28
봉헌의 기쁨 / 느 12:1-47
성전 건축의 기획자 솔로몬 / 왕상 5:1-18
성전 건축의 착안사항 / 왕상 6:1-38

성소의 건축비 / 출 38:1-31
여호와의 성전을 지어 봅시다 / 학 1:1-15
이 성전을 헐라 / 요 2:13-25
주의 집에 거하는 자 / 시 84:1-12
순금 등대와 두 감람나무 / 슥 4:1-14
하나님의 궤가 머무는 곳 / 대상 13:1-14

(2) 학습 · 세례(침례)식
나사로야 나오너라 / 요 11:38-57
마지막 만찬의 교훈 / 막 14:12-31
에스더의 구원의 만찬 / 에 5:1-14
요동하지 않는 믿음을 얻으세요 / 시 93:1-5
하나님의 손 / 스 8:1-36

(3) 성찬식
가장 안전한 곳은 십자가 아래 / 민 35:1-34
새롭게 된 이 몸 / 고전 15:35-44
참된 양식, 참된 음료 / 요 6:52-71

(4) 기도회
기도생활의 모범 다윗 왕 / 삼하 21:1-22
기도와 전도를 위한 합심기도 / 행 4:23-31
기도하기를 쉬지 마십시오 / 삼상 12:1-35
사명을 크게 외치라 / 사 58:1-14
십자가를 향하여 / 요 18:1-18
승리의 비결 / 마 4:1-11

(5) 야유회
부활하신 주님의 사역 / 눅 24:36-53

승리의 개가를 부르며 / 시 20:1-9
영적인 추억을 기억하십시오 / 시 44:1-26
하룻밤에 달라질 모압의 운명 / 사 15:1-9
(6) 체육대회
다음을 위한 현재의 준비 / 신 3:1-29
모르드개의 구원사역 / 에 4:1-17
사울의 시기심 / 삼상 18:1-30
여호와의 높임을 받으소서 / 시 21:1-12
(7) 성경암송 및 퀴즈대회
너는 말씀을 전파하라 / 딤후 4:1-8
봉사부의 할 일과 멜 일 / 민 4:1-49
율법을 사랑한 왕 요시야 / 대하 34:1-33
필객의 붓 / 시 45:1-17
(8) 찬양발표 및 대회
다윗의 기쁨 / 대상 15:1-29
다윗의 찬양 / 대상 16:1-43
요나의 회개하는 목소리를 들으세요 / 욘 2:1-10
(9) 달란트시장, 일일찻집
갚을 것이 없는 자를 위하여 잔치를 베풀어요 / 눅 14:1-14
믿음에 부요한 자입니다 / 약 2:1-13
어리석은 사람의 특징 / 시 14:1-7
(10) 총동원전도주일행사
구원은 하나님께서 하십니다 / 창 19:1-38
성전에 가득한 하나님의 영광 / 겔 43:1-27
엄중하신 하나님의 손 / 삼상 5:1-12

여호와는 나의 피난처이십니다 / 시 91:1-16
풍성한 하나님 나라 / 눅 9:1-17

제18부 • 연합회 · 선교회심방

(1) (전국)주교 연합회
모세의 성격 / 민 12:1-16
모세의 후계자 여호수아 / 신 31:1-30
서로 사랑하라 / 요 13:21-38
순종에 대한 신성한 합의 / 느 10:1-39
(2) 노회 · 지방회
다양한 은사를 인정하자 / 엡 4:7-12
사랑을 잃었던 성직자들의 죄 / 말 1:6-14
상징적인 여호수아의 대관식 / 슥 6:9-15
예수님의 대제사장적 기도 / 요 17:1-26
(3) 아동부연합회
느헤미야의 비전 있는 기도 / 느 1:1-11
맡은 직분 / 대상 8:1-40
분열 / 왕상 12:1-33
빼앗을 자 없다 / 요 10:19-42
(4) 청소년 - S.C.E, SFC
다스릴 자가 다시 오십니다 / 미 5:1-15
바로의 몰락 / 겔 29:1-21
모르드개의 기쁨 / 에 6:1-14
죄와 허물을 자복하라 / 느 9:1-38

(5) 남 · 여전도회연합회
거두는 법칙 / 마 7:1-12
훼방을 활력으로 바꾸세요 / 스 5:1-17
다 순종하십시오 / 욘 1:1-17
심판 받을 유다 백성 / 렘 5:1-31
서로 존중하고, 서로 협력해야 / 고전 14:34-40
(6) 장로회
소속을 분명히 하였는가 / 대상 2:1-55
일할 곳은 많은데 기력이 없고 / 수 13:1-33
함께 사는 은혜 / 창 10:1-32
허망한 사람의 특징 / 욥 15:1-35
(7) 평신도회
고집부리지 마십시요 / 삼상 14:1-52
봉사 계획 / 대상 23:1-21
성전을 살펴보라 / 겔 40:1-49
영광을 계시하신 인자=예수님 / 막 9:1-13
(8) (해외)선교회
깨어진 선교 팀이 되지 마세요 / 행 15:36-41
말씀이 세계 끝까지 / 시 19:1-14
멍에를 풀어주는 사사 / 삿 2:1-23
천지에 충만하신 여호와 / 렘 23:1-40
(9) 국내(종합)선교위원회
뿔 염소와 뿔 양의 의미 / 단 8:1-27
실무위원의 실무 능력 / 대상 28:1-21
참된 증언을 수용하라 / 대하 18:1-34

하나님의 부르심과 주어진 사명 / 출 3:1-22
(10) 각종 복지선교회
나의 관심과 자선을 전하세요 / 전 11:1-10
언약의 하나님이 되십니다 / 시 89:1-52
타인을 낙심케 한 죄 / 민 32:1-42
하나님을 잊으려는 백성들 / 호 8:1-14
(11) 교육선교
나중을 생각하세요 / 학 2:1-9
내 속 사람을 강건케 하세요 / 겔 38:1-23
독특한 자긍심을 가지세요 / 암 3:1-15
아모스의 환상과 그의 사명 / 암 7:1-17
(12) 언론(신문)
말씀을 불태운 왕 여호야김 / 렘 36:1-32
섬기는 일에 통달한 레위 사람 / 대하 30:1-27
엘리야의 시대적 사명 / 왕상 17:1-24
하나님께서 베푸신 은총 / 겔 16:1-63
(13) 방송위원회
신에 감동된 후계자 / 민 27:1-23
에스겔은 특별한 예언자였습니다 / 겔 1:1-28
여호와의 영광을 선포하세요 / 사 66:15-24
정보에 민감한 지도자 - 기생 라합 / 수 2:1-24

제19부 • 시찰,노회,지방회,총회,기관심방

(1) 시찰 · 교역자회
많은 사람을 옳은 데로 인도하라 / 단 12:1-13
선한 목자 / 요 10:1-18
섬기는 자는 큰 자 / 눅 22:24-46
(2) 지방회
거룩함을 나타내십시오 / 민 20:1-29
내 양을 먹이라 / 요 21:15-25
참 목자 / 삼하 5:1-25
(3) 선거관리위원회
드고아의 작은 목자 아모스를 아시나요? / 암 1:1-15
누가 크냐 / 눅 9:37-50
훼방꾼과 동역자 / 막 3:1-19
(4) 임원회
가르침을 받으려는 마음을 가지세요 / 행 18:18-28
내가 사랑하는 하나님 / 시 18:1-50
어리석은 사람들이 아닙니다 / 막 3:20-35
(5) 상비부
나의 짐을 여호와께 맡기세요 / 시 55:1-23
현명하고 신속한 결단의 원칙 / 삿 1:1-36
하나님이 이루신 역사 / 느 6:1-19
(6) 증경노회장, 총회장단
끝나는 날은 시원한 축복입니다 / 겔 7:5-23
다윗 왕의 정치생활 / 삼하 24:1-25
허세부리는 지도자 / 대하 11:1-23
(7) 특별, 전권위원회

나의 왕 나의 하나님 이십니다 / 시 145:1-21
시드기야 왕과 예레미야의 대화록 / 렘 38:1-28
하나님께 받을 분깃 / 욥 20:1-29
(8) 각종상비부
나를 도우시는 하나님이십니다 / 시 121:1-8
명철한 사람이 되자 / 잠 18:1-24
파수꾼 에스겔의 할 일 / 겔 33:1-33
(9) 총회 · 임원회
나의 믿음을 간증하세요 / 겔 6:1-14
통치자의 정신자세 / 왕상 15:1-34
하나님의 작정(作定) / 겔 14:1-23
(10) 재단위원회
독실한 믿음의 경영원리 / 욥 17:1-16
느헤미야의 정치적 기도 / 느 5:1-19
지도자들의 삶 / 창 5:1-32
(11) 이사회
금식하시면 큰 도움이 됩니다 / 슥 7:1-14
의로 옷을 삼아 입어라 / 욥 29:1-25
제사장과 선지자의 참모습 / 신 18:1-22
(12) 재단이사회
세상에서 가장 존귀한 자 / 삼하 7:1-29
승리 후 얻은 전리품 / 민 31:1-54
하나님의 슬픔 / 렘 12:1-17
(13) 실행위원회
담대한 일꾼들 / 느 3:1-32

머리털과 수염 / 겔 5:1-17

욕되게 함이 없게 하세요 / 레 22:1-33

(14) 교수회

느헤미야의 지도력 / 느 4:1-23

우매(愚昧)한 선지자가 되지 맙시다 / 겔 13:1-23

에스라의 통곡과 안타까움 / 스 9:1-15

(15) 학생회

나를 세우는 눈물 기둥 / 렘 1:1-19

때늦은 대성통곡 / 삿 21:1-25

여호와의 이름 / 렘 26:1-24

(16) 기별 총동문회

고집부리지 마십시오 / 삼상 14:1-52

단 지파의 종교적 타락 / 삿 18:1-31

만민의 기도하는 집 / 사 56:1-12

(17) 부흥사회

무엇이 선한 일인가? / 욥 34:1-37

상처받은 인생들의 눈물 / 애 2:1-22

성실로 몸의 띠를 삼으라 / 사 11:1-16

(18) 한국기독교 교회협의회

느헤미야의 신념과 열정 / 느 2:1-20

만일 겸손을 잃으면… / 대하 12:1-16

사랑의 정도(正道)에서 떠난 사람들 / 말 2:1-9

(19) 한국기독교 총연합회

교만을 낮추면 믿음이 올라갑니다 / 욥 40:1-24

민족 공동체의 질서 / 신 23:1-25

믿음의 장자권 / 대상 5:1-26

제20부 • 속장, 지체장, 구역장, 셀리더 사역심방

(1) 사회사역심방
그리스도는 의로운 왕이십니다 / 사 32:1-20
미련한 사람의 특징 / 잠 6:1-35
사랑의 찬가 / 아 4:1-16
쉴 곳 / 시 132:1-18
씨 뿌리는 사람 / 마 13:1-23
아무도 모르는 그 날과 그때 / 마 24:32-51
어찌 그리 아름다운지요 / 시 8:1-9
여색을 밝힌 두 눈의 비극 / 삿 16:1-31
여호와의 기업 / 삼상 26:1-25
여호와의 대사(大事)를 묵상합시다 / 시 126:1-6
우리가 용감히 행동하면 됩니다 / 시 60:1-12
애굽과 구스의 수치를 보세요 / 사 20:1-6
지혜롭고 신중한 삶을 삽시다 / 전 10:1-20
하나님의 목전(目前)에서 사십니까? / 사 66:1-14
회개만이 살 길 / 행 3:19-26
(2) 구제복지사역심방
빈약한 사람을 권고하라 / 시 41:1-13
십자가를 지는 삶 / 눅 14:15-35
우리의 최후는…? / 마 19:13-30

왕가의 몰락에서 얻는 교훈 / 겔 28:1-26
에스더의 청원과 하만의 죽음 / 에 7:1-10
빚진 자 / 고후 8:7-12
청함을 받은 자와 택함을 받은 자 / 마 22:1-22
(3) 구역(속)전도사역심방
끝없는 전도사역을 하세요 / 막 6:1-13
당신이 무슨 권세로 / 눅 20:1-18
설교를 삶에 적용하라 / 신 1:1-46
성령이 주시는 은사 / 행 2:14-24
왕에게 전도하는 다니엘 / 단 2:1-49
중심에 불을 붙이세요 / 렘 20:1-18
죄 없는 죄인 / 마 27:1-26
(4) 구역원, 속도, 양무리, 순, 팀별 심방
생각하는 구역(속)장 / 대상 24:1-31
생명의 말씀을 전하라 / 행 5:17-32
엘리야의 사명 / 왕상 19:1-21
여호와의 이름으로 모이라 / 미 4:1-13
요아스의 추진력 / 왕하 12:1-21
이드로의 방문이 주는 교훈 / 출 18:1-27
처음처럼 본래대로 회복하라 / 사 1:1-31
내가 남을 위로해야 됩니다 / 사 40:1-31

Epilogue / 시(詩)

주 예수 그리스도의 聖誕(성탄)

민암(民岩) 윤도중

섬김의 땅

이 땅에 심방오신 예수
이 땅의 주인이신 예수 그리스도
이 땅의 한구석에 누울 곳을 찾지 못해 말구유를 빌리신 예수
이 땅에서 살며 섬기기를 원하셨던 주 예수
우리와 함께 살기 원하여
다윗의 작은 동네 베들레헴에서 지내셨던 예수

사람냄새 사랑향기 좋아서 기꺼이 함께 지낸 땅
풀 한포기 자라기에 물기 모자란 이 땅에서
맨발로 옥토를 만드셨던 예수
젊은 발 부르트며
험산 준령 넘고 넘어 길 닦으신 그 발길이 머문 이 땅
쓰디쓴 소금기로 갈릴리 땅의 사람들을 친구로 삼으셨던 예수
기꺼이 이 땅의 사람들에게 배척받으시며 몰려난 이 땅

땅 주인을 땅속에 가두고 거들먹거리던 이 땅의 사람들에게
무엇이 사랑스러워 다시 오시었나이까?
무엇이 그리워서 다시 부활하시었나이까?
땅위의 사람들, 땅속의 사람들, 복음의 땅을 통하여 구원하시려고
다시 이 땅을 찾아주시었나이까?

이제 우리의 주인이 되시어 이루소서!
하늘의 뜻이 그러시면 이 땅에서도 이루어질 지어다
이왕이면 나를 통하여 이루어 주소서.
온유한 나에게 새 땅을 기업으로 주옵소서.
한 평이라도 주시면 주님 쓸 곳, 주님 쉬어 갈 곳, 한 평을 준비하겠나이다.
새 땅의 소산으로 새 땅의 주인에게 그 영광을 돌리겠나이다.
이 땅에서 새 땅의 사람들이 하늘 향하여 춤추며 노래하며 섬기겠나이다.

후기노트

 언제나 그랬듯이 나의 주인 되신 살아계신 예수님은 말씀을 통하여 성령으로 나를 감화와 감동을 시키신다.
요즘은 많은 생각에 사로잡히다 잠이 든다. 이것은 나이 탓인가? 새벽에 성령께서 잠자는 나를 깨우셨다. 그 시간은 02시

30분이었다.
늘 그렇듯 나의 영육운동이 시작된다. 나는 자연적으로 순종 모드로 전환하여 무릎을 꿇는다.
나는 제사장 겸 선지자 사무엘의 어린 시절처럼 주님께 질문을 한다.

" 오 하나님 아버지, 주의 영이 제게 말씀하시는 것이 무엇입니까? "

"어떻게 목회하려는가?"
"살리는 심방을 하라! 살리려면 내 백성을 직접 찾아가라!"

이 책의 주제는 " 오늘의 심방목회현장 이다. "
인공위성시대의 활발한 활용으로 인하여 목회자가 성도들의 삶의 현장, 돌아오지 않는 탕자를 찾지도 않고 기다리지도 않는다. 이 결과는 비참함이 있다. 즉, 교회의 뿌리가 흔들린다. 그 이유는 주의 양떼들에게 소홀하기 때문이다.

에스겔34:1-6절에 '여호와'의 말씀이 내게 임하여 이르시되 " 인자야 너는 이스라엘 목자들에게 예언 하라 .그들 곧 목자들에게 예언하여 이르기를 주 여호와께서 이 같이 말씀하시되 '자기만 먹는 이스라엘은 화(禍)있을 진저 목자들이 양떼를 먹이는 것이 마땅하지 아니 하냐 너희가 살진 양을 잡아 그 기름을 먹으며 그 털을 입되 양떼는 먹이지 아니하는 도다. 너희가 그 연약한자를 강(强)하게 아니하며 병든 자를 고치지 아니하며 상(傷)한 자를 싸매주지 아니하며 쫓기는 자를 돌아오게 하지 아니하며 잃어버린 자를 찾지 아니하고 다만 포악으로 그것들을 다스렸도다.
목자가 없으므로 그것들이 흩어지고 흩어져서 모든 들짐승의 밥이 되었도다. 내 양떼가 모든 산과 높은 멧부리에 마다(on every high hill-언덕들)유리(遊離)되었고 내 양떼가 온 지면(地面)에 흩어졌으되
찾고 찾는 자가 없었도다."

심방목회는 한물 간 복음 활동으로 여기지 마라. 목회자가 주님의 양떼들을 돌보는, 혹은 찾아가는 심방목회를 귀중하게 여기지 않고 있다. 이것은 직무유기에 가까운 태만, 방치로 주님께 책망들을 만한 지적사항이다.

" 이제 내 눈을 양떼에게, 소떼에게 집중하라."

내가 사는 동안 존경하는 하나님나라의 충성된 사람의 롤 모델들은 소천을 하셨다. 언젠가는 나도 하늘나라의 부르심을 받는다.
나는 목회자다. 새로운 심방목회자의 롤 모델을 성경에서 찾았다. 주 예수님 다음으로 성경에서 만난 현장 심방박사이시며, 현장목격자이시며, 복음서 첫 책의 저자이신 마가(THE MARK)이다.

그는 복음서의 저자이시며, 복음제자들과 함께 사도와 선교

사님들의 총애를 받으며 총비서사역을 했다.
그는 현장심방의 관점을 재발견하여 복음서신을 기록하였다. 따라서 필자도 이 글은 하나님의 감동으로 시작하였다. 그리고 주 예수 그리스도의 변호적인 목회자와 선교사역자들을 이해시키고 심방사역에 눈을 뜨게 하려는 목적과 그 의도가 있다.

 이 책은 사람들이 사는 현장에서 문제의 다리를 건너지 못하고 안타까워하며 기도마저 지친 이들에게 잠시라도 위로를 주는 복음의 다리를 놓는 편지이며 설계도이다. 즉, 내면의 건축을 복음서 저자의 마가(THE MARK)심정과 관점을 간결하게 피력한다.
 한마디로 현장심방을 권면한다. 즉, 목회자로서 현장에 가면 주 예수님의 살아계신 증거를 발견한다. 성령의 감화와 감동이 피 심방 자가 심방예배후의 고백으로 나타난다. 우리는 그들을 위하여 울어야 한다. 그 생동감은 찬양(4분 30초)을 흥얼거린다. 또는 성경속의 사람들처럼 인생한편의 영화시나리오 역할들을 목격하게 된다. 결국 이 책은 심방목회 안내책자가 될 것이다.

 이 책의 설계도는 15년 전에 준비된 인삼과 같은 책이다.
출간은 고인이 된 나의 벗이며 문서선교사였던 윤 희구 집사, 정 용환 실장, 이 미정 아트 디렉터의 연합으로 시작되었다.
그 결과 그해 <1004심방 대설교사전- 설교 1004편, 기도 1004편, 심방예화 1004편>으로 출간하였다.

중요한 것은 1004심방설교대사전(발간, 도서출판 예루살렘)은 그 볼륨이 상권은 574쪽이며, 하권도 574쪽 크라운 판형 양장본이다. 장서이기에 간략한 요약본이 필요하다는 것이 목회현장 선후배의 주문이었다. 그 주문에 나는 응하지 못했다. 그러나 이 책은 2002년도에 제19회 한국기독교 출판 문화상 수상한 작품이다.-즉, 목회자료 국내저작부문 저술 최우수작품상을 받은 역작 이다.
썩히고 버릴 수 없는 심방목회이다. 필자는 뒤늦게나마 간략한 요약본이 필요하다는 것에 대한 응답을 준비하였다.

아울러 인간적인 내면을 표현하면 현장심방설계도와 같은 요약본은 세 가지의 의미로 준비되었다.

첫째는 사람으로 태어 난지 60회 생일 때문이다.(환갑보고서)
둘째는 딸 은혜와 사위 조 근로의 결혼기념으로 지인들에게 주려했던 결혼 답례 작품이다.
셋째는 미국뉴욕,LA 소재 YESHUA UNIVERSITY THEOLOGIICAL 총장 현 베드로 목사의 특강요청으로 완성되는 소책자이다.

필자는 아울러 YESHUA UNIVERSITY THEOLOGIICAL에서 명예신학박사와 철학박사를 수여받을 예정이어서(2016년 10월14일-금요일)은근히 즐겁다.
이래도 되는 것인지....... 아무튼 좋은 일이다.
 주 안에서 하나님 나라의 왕국을 건설하며 나누었던 말씀의 책들이 명예로운 일이었는가? 훗날의 평가를 묵상한다.

시(詩)가 있는 곳

코리아 에레츠(땅)

민암(民岩) 윤도중

척박한 이 땅
아리랑 고개가 많은 이 땅
무궁화 꽃이 피었습니다. 노래가 있는 이 땅

싸움 씨가 뿌려져 두 동강이 난 박복한 땅
서러움 견디며 아리랑 이별의 눈물이 흐르는 땅
무궁화 꽃이 다시 피어나지 않으면 슬픈 땅
땅 떼기 한 평 없어서 우울한 이 땅의 사람들

하나님의 숨은 뜻이 담긴 이 땅
십년에 한번 백년에 한번 천년에 한번 기다리면
반드시 나누어 줄 은혜의 땅
누가 받을 것인가? 누가 뺏길 것인가?

옥토를 위하여 호미 한 자루와
땀방울로 적삼적신 어머니의 땅
멍에 맨 소의 상처로 피의 거름을 뒤섞으며
넓혀놓으신 아버지의 땅
'복음의 씨, 평화의 씨를 뿌린 자에게 선물로 주시리라!
땅 주인이 되신 하나님의 약속으로 얻으리라!'

아리랑 고개는 넘어 가야 할 우리의 길
무궁화 꽃은 피었습니다. 영원무궁 노래하는 꽃,
땅 차지하는 피는 흘릴수록 사랑의 복이 싹트는 땅

오 하나님! 이 땅을 우리에게 맡기소서! 우리가 기경하겠나이다.
이 땅을 개간하면 이 땅에 양떼를 다시 입히소서!
오호라 우리의 하나님 올해는 선언하소서!
새해 벽두에 선포하소서!
쉴 만한 땅 한 평 없는 아리랑 백성들에게,
주의 다스리는 **코리아 에레츠(땅)**, 이 땅에 무궁화 꽃이 피었습니다.
기도하며 노래하는 우리들에게
이 땅 푸른 초장을 맡겨 주소서!
-아멘-

" 하나님의 아들 예수 그리스도
예수 그리스도의 복음(福音)의 시작(始作)이라. "(막1:1)
여러분! 감사합니다. 이 시대를 보는 관점이 개혁되기를 소망 합니다 .
" 건강 하세요, 날마다 새해처럼 하나님의 복을 많이 받으세요."